新时代 新思想 新战略研究丛书

上海市习近平新时代中国特色社会主义思想研究中心

建设社会主义教育强国研究

JIANSHE SHEHUI ZHUYI JIAOYU QIANGGUO YANJIU

童世骏 | 主编

人民出版社

总　序

　　党的十九大宣告，经过长期努力，中国特色社会主义进入了新时代，这是我国发展新的历史方位。在新时代中国特色社会主义的伟大实践中，我们党创造性地发展马克思主义和中国特色社会主义理论体系，形成习近平新时代中国特色社会主义思想。在这一新思想的指引下，中国共产党领导中国人民历史性地开启社会主义现代化事业新征程，奋力夺取新时代中国特色社会主义的新胜利。

一、新时代是催生新思想的伟大时代

　　新时代是承前启后、继往开来、在新的历史条件下继续夺取中国特色社会主义伟大胜利的时代，是决胜全面建成小康社会、进而全面建设社会主义现代化强国的时代，是全国各族人民团结奋斗、不断创造美好生活、逐步实现全体人民共同富裕的时代，是全体中华儿女勠力同心、奋力实现中华民族伟大复兴中国梦的时代，是我国日益走近世界舞台中央、不断为人类作出更大贡献的时代。

时代是思想之母，实践是理论之源。正如习近平总书记所说，"这是一个需要理论而且一定能够产生理论的时代，这是一个需要思想而且一定能够产生思想的时代。我们不能辜负了这个时代"。新时代是呼唤新思想的时代，也是催生新思想的时代。进入新时代，中国特色社会主义站在承前启后、继往开来的新起点上。在新的历史条件下谱写中国特色社会主义新篇章已经历史性地提到中国共产党人面前。新时代强烈呼唤我们党推动理论创新。与此同时，党的十八大以来，我们党以巨大的政治勇气和强烈的责任担当，提出一系列新理念新思想新战略，出台一系列重大方针政策，推出一系列重大举措，推进一系列重大工作，解决了许多长期想解决而没有解决的难题，办成了许多过去想办而没有办成的大事，推动党和国家事业发生历史性变革。这些历史性变革，不仅对党和国家事业发展产生了具有重大而深远的影响，而且也为我们党理论创新提供了丰厚的实践养分。习近平新时代中国特色社会主义思想就是在回答时代命题、总结实践经验的基础上形成的理论成果。

二、新思想是引领新时代的创新理论

习近平新时代中国特色社会主义思想运用马克思主义立场观点方法，聚焦新的时代命题，凝结新的思想精华，总结党的十八大以来的开创性独创性实践经验，提出一系列新思想新观点新论断。习近平新时代中国特色社会主义思想是引领新时代的科学理论。

回答新的时代课题。改革开放以来，党的全部理论和实践的主题是坚持和发展中国特色社会主义，但在不同发展阶段又具有不同理论内涵和呈现形式。进入新时代，由于我国发展已经进入新的历史方位，在新的时代条件下坚持和发展中国特色社会主义面临诸多新形势、新任务和新要求。习近平新时代中国特色社会主义思想正是在系统而深入地回答重大时代课题中推动马克思主义中国化深入发展，取得一系列重大理论创新成果。

构建起新的理论体系。习近平新时代中国特色社会主义思想是内涵丰富、系统完整、逻辑严密、独具特色的理论体系，其核心要义是"八个明确"，基本方略是"十四个坚持"。它系统回答了新时代坚持和发展中国特色社会主义的总目标、总任务、总体布局、战略布局和发展方向、发展方式、发展动力、战略步骤、外部条件、政治保证等基本问题，内容涵盖经济、政治、法治、科技、文化、教育、民生、民族、宗教、社会、生态文明、国家安全、国防和军队、"一国两制"和祖国统一、统一战线、外交、党的建设等各领域。这一理论体系具有鲜明的时代性、实践性和原创性，是中国特色社会主义理论体系最鲜活的组成部分。

开辟新的理论境界。习近平新时代中国特色社会主义思想赋予马克思主义以新的时代内涵，提出一系列新理念新思想新战略。这些理论上的重大突破、重大创新、重大发展，对马克思主义哲学、政治经济学、科学社会主义和建党学说的发展作出了重大原创性贡献，开辟了马克思主义新境界，开辟了中国特色社会主义新境界，开辟了党治国理政新境界，开辟了管党治党新境界。

习近平新时代中国特色社会主义思想是走好新时代长征路的主心骨和定盘星。这一新思想着眼于新时代坚持和发展中国特色社会主义，聚焦于实现中华民族伟大复兴的中国梦，从战略上规划全面建成小康社会、全面建设社会主义现代化国家。我们党将习近平新时代中国特色社会主义思想确立为党和国家必须长期坚持的指导思想，就是从根本上确立起我国社会主义现代化建设的行动指南，必将对新时代党和国家事业发展产生重大而深远的影响。

三、新战略是迈向民族复兴的战略部署

新时代是中华民族圆梦的时代。在习近平新时代中国特色社会主义思想指引下，中国共产党带领中国人民奋力开拓中国特色社会主义事业新局面，昂首阔步迈向民族复兴的新征程。

新战略是建设社会主义现代化强国的战略部署。从十九大到二十大，是"两个一百年"奋斗目标的历史交汇期。我们既要全面建成小康社会、实现第一个百年奋斗目标，又要乘势而上开启全面建设社会主义现代化国家新征程，向第二个百年奋斗目标进军。为此，我们党清晰地描绘了实现现代化的两个"十五年"战略规划，即从二〇二〇年到二〇三五年，在全面建成小康社会的基础上，再

奋斗十五年，基本实现社会主义现代化；从二〇三五年到本世纪中叶，在基本实现现代化的基础上，再奋斗十五年，把我国建成富强民主文明和谐美丽的社会主义现代化强国。实现上述战略目标，就必须统筹推进中国特色社会主义事业"五位一体"总体布局，协调推进"四个全面"战略布局，坚定不移贯彻创新、协调、绿色、开放、共享的发展理念，按照党的十九大做出的战略规划，不断把中国特色社会主义伟大事业推向前进。

实现民族伟大复兴是近代以来中华民族最伟大的梦想。中国特色社会主义进入新时代，意味着近代以来久经磨难的中华民族迎来了从站起来、富起来到强起来的伟大飞跃，迎来了实现中华民族伟大复兴的光明前景。今天，我们比历史上任何时期都更加接近、更有信心和能力实现中华民族伟大复兴的目标。承载着伟大历史使命的中国共产党人正在根据进行伟大斗争、建设伟大工程、推进伟大事业、实现伟大梦想的"四个伟大"战略设计，勇于担当，砥砺前行，不负人民重托，无愧历史选择，致力于铸就中华民族伟大复兴的千秋伟业。

党的十九大胜利召开后，为深入研究党的十九大精神，上海市社科规划办专门列出系列课题。上海市习近平新时代中国特色社会主义思想研究中心从完成结项的课题中精选十本书稿，这些书稿聚焦于不同的主题，从不同的维度深刻地阐释了新时代、新思想、新战略的思想内涵和实践要求，总体上反映了当前上海学术界研究阐释党的十九大精神的初步成果，为广大理论工作者和党员干部提供一套学习研究习近平新时代中国特色社会主义思想和党的十九大精神的参考资料。期待这套丛书的出版能够起到抛砖引玉的作用，推动学术界不断深化对习近平新时代中国特色社会主义思想的研究。

上海市习近平新时代
中国特色社会主义思想研究中心
2018 年 10 月

目　录

前　言

党的十九大将对未来中国和未来世界产生全方位的长时段的影响，这点已经成为国内外各方面的广泛共识。对于中国的教育工作者和研究者来说，学习和领会党的十九大精神，关键是要深刻理解十九大报告中以下两个论述之间的关系：一方面，十九大报告提出，要"在全面建成小康社会的基础上，分两步走在本世纪中叶建成富强民主文明和谐美丽的社会主义现代化强国"的奋斗目标；另一方面，十九大报告提出，"建设教育强国是中华民族伟大复兴的基础工程，必须把教育事业放在优先位置，加快教育现代化，办好人民满意的教育"。

抽象地说，建成"现代化强国"和建成"教育强国"之间的关系，包含以下三个层次："现代化强国"的价值取向（社会主义的、富强民主文明和谐美丽的）与"教育强国"的价值取向之间的关系；"现代化强国"的建设任务（十九大报告中提到的制造强国、科技强国、质量强国、航天强国、网络强国、交通强国、海洋强国、贸易强国、文化强国、体育强国、人才强国等）与"教育强国"的建设任务之间的关系；"现代化强国"的意义境界（"实现中华民族伟

1

大复兴"、"在世界上高高举起了中国特色社会主义伟大旗帜"、"拓展了发展中国家走向现代化的途径")与"教育强国"的意义境界的关系。

具体地说,建成"现代化强国"和建设"教育强国"之间的关系,可以从许多方面进行研究,比如:如何培育和践行社会主义核心价值观,建设社会主义教育强国?如何实现人才强国和教育强国的结合?如何实现公平而有质量的教育?如何实现高等教育内涵式发展?如何完善职业教育体系,深化产教融合?如何建设新时代中国特色社会主义民办教育体系?如何进一步提升新时代的教育公平?如何建设新时代高素质的教师队伍?如何构建终身学习的社会?如何以开放促进国家教育改革与发展?

本书在选择上述问题进行研究的过程中,力求把历史视角和现实视角结合起来,把国内视角和国际视角结合起来,把教育学科的视角和教育相关学科的视角结合起来,尤其是把理论视角和实践视角结合起来。对习近平新时代中国特色社会主义思想,从理论和实践结合的角度进行学习领会,同时也就是以理论和实践相结合的方式进行贯彻落实。我们希望,在学习领会、贯彻落实习近平关于教育强国的重要论述的过程中,本书是一个有相当价值的出发点。

第一章　办好教育，建设社会主义教育强国

党的十九大的召开迎来了中国教育的新时代。十九大报告提出建设教育强国的宏伟目标，成为新时代我国教育事业改革发展的方向。建设教育强国是我国建成社会主义现代化强国的基础性工程，也是实现中华民族伟大复兴中国梦的必然要求。

党的十九大最重要的一个历史性贡献就是把习近平新时代中国特色社会主义思想确立为党必须长期坚持的指导思想，为新时代坚持和发展中国特色社会主义、推进党和国家各项事业提供了根本遵循。十九大报告深刻阐述了社会主义核心价值观的丰富内涵和实践要求，对培育和践行社会主义核心价值观作出许多新的重大部署。社会主义核心价值观是我们党团结带领人民在开创和发展中国特色社会主义的伟大实践中形成的，是中国特色社会主义的价值表达，是习近平新时代中国特色社会主义思想的重要内容。同时，党的十八大以来，习近平同志着眼坚持和发展中国特色社会主义这个大局，就教育工作发表了一系列重要讲话，作出了一系列重要指示，覆盖了教育工作的各个基本方面，形成和展现了习近平关于教育改革发展的重要论述，成为建设教育强国的根本遵循。建设教育

强国，就是要以习近平新时代中国特色社会主义思想为基本遵循，坚持不懈培育和弘扬社会主义核心价值观，办对的教育，办好的教育，办强的教育，办自信的教育。这是新时代教育工作者的首要使命，是建设教育强国的基本要求。

一、建设教育强国，要办对的教育

教育，归根结底是一个根本性的事业。是否是对的教育，是一个"核心意识"、"看齐意识"是否真正树立起来了的问题。把青少年一代培养成什么样的人，始终是我们党和国家的千秋大业，也是教育工作的首要问题。教育具有包括政治、经济、文化属性在内的多种属性，发挥着综合性的作用，毫无疑义涉及为谁办学、为谁培养人，毫无疑义涉及培养有什么样价值观的青年人的问题。就其外部规律而言，教育必然与社会、政治、经济、文化环境相适应。英国学者阿什比说"任何类型的大学都是遗传与环境的产物"，耶鲁大学校长莱文说，每一种教育模式都具有文化的适应性。中外名家的这些论述都说明一个国家的教育模式要跟本国国情、文化相适应。毋庸讳言，不是所有的人都能正确地认识这个问题，显而易见，那些寻找管用的普世教育理念和模式、照抄照搬外国的理念和模式的做法都是幼稚的。时代不同，国情不同，世情不同，教育的理念、政策、制度、模式必然存在千差万别。今天我们建设的是中国特色社会主义，要实现中华民族的伟大复兴，因此，我们必须更加自觉地践行习近平同志提出的要求，坚持正确的政治方向，做好"四个服务"，扎根中国大地办大学，建设社会主义的教育强国。

（一）坚持正确的政治方向，办好中国特色、世界水平的现代教育

第一，坚持办学正确政治方向。习近平总书记2018年5月在与北京大学师生座谈会上明确提出了"坚持办学正确政治方向"的要求，并且进一步论述道：《礼记·大学》说："大学之道，在明明德，在亲民，在止于至善。"古今中外，关于教育和办学，思想流派繁多，理论观点各异，但在教育必须培养社会发展所需要的人这一点上是有共识的。培养社会发展所需要的人，说具体了，就是培养社会发展、知识积累、文化传承、国家存续、制度运行所要求的人。所以，古今中外，每个国家都是按照自己的政治要求来培养人的，世界一流大学都是在服务自己国家发展中成长起来的。我国社会主义教育就是要培养社会主义建设者和接班人。"国势之强由于人，人材之成出于学。"培养社会主义建设者和接班人，是我们党的教育方针，是我国各级各类学校的共同使命。大学对青年成长成才发挥着重要作用。高校只有抓住培养社会主义建设者和接班人这个根本才能办好，才能办出中国特色世界一流大学。

第二，坚持党的领导，做好四个服务。在党的十九大报告中，习近平总书记明确提出，党政军民学，东西南北中，党是领导一切的。我们的教育是党领导下的教育，是中国特色社会主义教育。要

办好中国特色、世界水平的现代教育，党的领导是最根本的保证。2016 年年底，习近平总书记在全国高校思想政治工作会议上明确提出，我国高等教育发展方向要同我国发展的现实目标和未来方向紧密联系在一起，为人民服务、为中国共产党治国理政服务、为巩固和发展中国特色社会主义制度服务、为改革开放和社会主义现代化建设服务。① 这"四个服务"进一步阐明了我们党对教育的目的、功能和作用的认识，是我们办对的中国特色社会主义教育必须坚持的方向。

第三，办对的教育，实现中国特色、世界水平教育强国的目标。2014 年 5 月，习近平总书记在与北京大学师生座谈时指出，办好中国的世界一流大学，必须有中国特色，没有特色，跟在他人后面亦步亦趋，依样画葫芦，是不可能办成功的。世界上不会有第二个哈佛、牛津、斯坦福、麻省理工、剑桥，但会有第一个北大、清华、浙大、复旦、南大等中国著名学府。2016 年 4 月，习近平总书记在考察中国科学技术大学时指出，我们对中国建设国际一流大学、培养国际一流人才充满自信。在十九大报告中，习近平总书记明确指出，建设教育强国是中华民族伟大复兴的基础工程，必须把教育事业放在优先位置，深化教育改革，加快教育现代化，办好人民满意的教育。这是新时代中国特色社会主义赋予教育的新使命，是以习近平同志为核心的党中央对教育提出的新要求、新目标。"中国特色"、"世界水平"、"教育强国"三

---

① 张烁：《把思想政治工作贯穿教育教学全过程　开创我国高等教育事业发展新局面》，《人民日报》2016 年 12 月 9 日。

层含义，从根本属性、基本特征、发展目标上集中阐释了新时代中国教育发展的总目标，我们要建设的是具有中国特色、世界水平的，为实现中华民族伟大复兴中国梦、实现人民对美好生活向往的教育强国。

（二）紧紧抓住立德树人的根本任务，解决培养什么样的人和怎样培养人的根本问题

习近平总书记多次强调，教育首先要解决两个根本问题，即培养什么样的人和怎样培养人的问题。关于这个问题，习近平总书记2018年5月在与北京大学师生座谈时谈道：我想就学校培养什么样的人、怎样培养人，同各位同学和老师交流一下看法。我先给一个明确答案，就是我们的教育要培养德智体美全面发展的社会主义建设者和接班人。培养什么人？答案非常明确。我国高等教育肩负着培养德智体美全面发展的社会主义事业建设者和接班人的重大任务，必须坚持正确政治方向。高校立身之本在于立德树人。只有培养出一流人才的高校，才能够成为世界一流大学。办好我国高校，办出世界一流大学，必须牢牢抓住全面提高人才培养能力这个核心点，并以此来带动高校其他工作。[①] 关于基础教育，习近平总书记在北京八一学校考察时同样明确指出，基础教育是立德树人的事业，要旗帜鲜明加强思想政治教育、品德教育，加强社会主义核心

---

① 张烁：《把思想政治工作贯穿教育教学全过程　开创我国高等教育事业发展新局面》，《人民日报》2016年12月9日。

价值观教育，引导学生自尊自信自立自强。① 如何培养人？必须坚持以马克思主义为指导，全面贯彻党的教育方针。因事而化、因时而进、因势而新。遵循思想政治工作规律，遵循教书育人规律，遵循学生成长规律；用好课堂教学这个主渠道；各类课程与思想政治理论课同向同行，形成协同效应；加快构建中国特色哲学社会科学学科体系和教材体系；更加注重以文化人以文育人。

（三）坚持不懈培育和弘扬社会主义核心价值观，实现伟大复兴的"中国梦"

第一，充分发挥社会主义核心价值观的引领作用。社会主义核心价值观是我们生而为中国人的独特精神支柱，是凝聚中国力量的思想道德基础。中华民族要实现伟大复兴的"中国梦"必须走中国道路，必须形成中国理论，必须坚持中国制度，必须弘扬中华文化、中国精神，必须凝聚中国力量。这五条途径都必须仰赖教育。习近平总书记要求中国梦的实现必须和弘扬中国精神结合起来，实现"中国梦"需要从社会主义核心价值观里汲取坚定的精神动力。习近平总书记多次强调，"中国梦"的实现与教育的本质，以及教育培养什么人、如何培养人这两个根本问题密不可分。教育是强国富民之本，是中华民族伟大复兴之本。一个国家的繁荣，不取决于国库之殷实、城堡之坚固、公共设施之华丽，而取决于公民所受教

---

① 《全面贯彻落实党的教育方针　努力把我国基础教育越办越好》，《人民日报》2016 年 9 月 10 日。

育如何。要强化对国民教育的引领，围绕立德树人根本任务，推动核心价值观融入思想道德教育、文化知识教育、社会实践教育各环节，贯穿启蒙教育、基础教育、职业教育、高等教育各领域，体现到教材教学、校风学风建设之中，体现到高校思想政治工作全过程。

第二，要以社会主义核心价值观为引领，构建大中小幼一体化的德育体系。人民有信仰，国家有力量，民族有希望。加强社会主义核心价值观教育，开展理想信念教育，系统化推进落实立德树人根本任务，要从学校抓起，从娃娃抓起。帮助学生扣好"人生的第一粒扣子"。有目标感、有信念并持续为之努力的人，事业才有可能更成功。健全促进学生身心健康、全面发展的长效机制。德育要抓方向，智育要重能力，体育要推普及，美育要多形式，劳动教育要重实效，各方面教育要相互渗透、有机融合、协调发展。现在，我们的教育对象也正在发生变化，要根据对象的变化，因事而化、因时而进、因势而新。要营造健康的教育生态，促进学校教育、家庭教育、社会教育的有机融合，形成全员育人、全过程育人、全方位育人、全社会育人的强大合力，培养德智体美全面发展的社会主义建设者和接班人。

第三，引导广大师生做社会主义核心价值观的坚定信仰者、积极传播者、模范践行者。办对的高等教育，必须坚持以马克思主义为指导，全面贯彻党的教育方针。习近平在全国高校思想政治工作会议上强调，我们的高校是党领导下的高校，是中国特色社会主义高校。要坚持不懈传播马克思主义科学理论，抓好马克思主义理论教育，为学生一生成长奠定科学的思想基础。要坚持不懈培育和弘扬社会主义核心价值观，引导广大师生做社会主义核心价值观的坚定信仰者、积极传播者、模范践行者。要坚持不懈促进高校和谐稳定，培育理性平和的健康心态，加强人文关怀和心理疏导，把高校建设成为安定团结的模范之地。要坚持不懈培育优良校风和学风，使高校发展做到治理有方、管理到位、风清气正。①

二、建设教育强国，要办好的教育

教育是国计，教育是民生。什么是好的教育，不同的发展阶段，人们对教育会有不同的价值追求。社会主义初级阶段是当代中国的最大国情、最大实际。我们在任何情况下都要牢牢把握这个最大国情，推进任何方面的改革发展都要牢牢立足这个最大实际。紧紧抓住社会主义初级阶段这个最大实际，在教育与民族复兴、国家富强的关系上，教育是基础。百年大计，教育为本。教育发挥着基础性、先导性的作用，建设教育强国，必须要有很好的教育基础。好的教育，一定是关注民生的教育，是尽量满足人民需求的均衡化、优质化、多样化的教育；一定是追求更加公平的教育，更有质量的教育；一定是适应教育自身发展规律的教育，从内部促进人的发展，从外部要适应并促进社会的发展。唯有如此，才是好教育的

_____

① 张烁：《把思想政治工作贯穿教育教学全过程 开创我国高等教育事业发展新局面》，《人民日报》2016 年 12 月 9 日。

坚实基础。好教育是国家之需、百姓之盼。在举国上下共筑中国梦之际，我们憧憬好教育，追求好教育，践行好教育。

（一）关注民生，保障教育优先发展的战略地位

优先发展教育是中国共产党关于教育发展的重要思想，也是新时代发展教育的重要战略措施。党的十二大提出把教育作为经济发展的战略重点之一，党的十三大提出"必须坚持把发展教育事业放在突出的战略位置"，党的十四大第一次提出"必须把教育摆在优先发展的战略地位"，党的十五大再次强调这一指导方针，党的十六大对教育优先发展高度重视，党的十七大报告把优先发展教育列为改善民生六大任务之首，党的十八大报告重申"要坚持教育优先发展"，党的十九大报告提出，"优先发展教育事业，建设教育强国是中华民族伟大复兴的基础工程，必须把教育事业放在优先位置，加快教育现代化，办好人民满意的教育"。可见，我们党对教育优先发展战略的认识在理论上不断深化，在实践中不断拓展，把优先发展教育与人民满意的价值目标联系起来。

在新的时代条件下，习近平继承并发扬我们党坚持教育优先发展的优良传统，并多次加以强调。习近平自 2012 年 11 月 15 日当选中共中央总书记伊始，在与中外记者见面时就指出："我们的人民热爱生活，期盼有更好的教育、更稳定的工作、更满意的收入……期盼孩子们能成长得更好、工作得更好、生活得更好。人民对美好生活的向往，就是我们的奋斗目标。"这些"更"中，更

好的教育被摆在最前面，列为民生之首。2013年9月，习近平总书记在联合国"教育第一"全球倡议行动一周年纪念活动上发表视频贺词时指出，"中国将坚定实施科教兴国战略，始终把教育摆在优先发展的战略位置"，表达了中国政府对"教育第一"倡议的坚定支持。时隔1年后的2014年9月，在北京师范大学考察时，习近平总书记再次强调科教兴国方针和人才强国战略必须长期坚持下去，并指出一定要把承担科教传承与人才培养载体的教育放在优先发展的战略位置。这些论述从大民生的视角深刻揭示了习近平总书记所关切的教育与促进个人发展、人民幸福、社会进步、国家富强之间的关系，把优先发展教育与人民满意的价值目标、与建设教育强国的目标联系起来，显示了对教育优先发展战略的认识在理论上不断深化，在实践中不断拓展。

教育在经济社会发展中起着基础性、先导性、全面性的作用，就像有学者所说的，教育是"最廉价的国防"，是一个国家一个民族最稳定最持续的力量。因此，要坚持教育优先发展，为教育发展提供组织领导、人才技术、规划建设、财政投入和舆论宣传等方面的强有力保障。近年来，各级党委政府扎实推进教育优先发展战略，保证经济社会发展规划优先安排教育发展，财政资金优先保障教育投入，公共资源优先满足教育和人力资源开发需要；从免费义务教育到免费师范生教育，从实现高等教育大众化到资助体系的建立和完善，从提高教育质量到促进教育公平，教育优先发展战略由执政理念变为执政实践，成为建设教育强国的强大推动力。

（二）人民满意，促进公平而有质量的发展

第一，追求更加公平的教育。教育公平是社会公平的基础，是人生公平的起点。好教育追求的公平应该是机会公平、过程公平和结果公平。《国家中长期教育改革和发展规划纲要（2010—2020年)》把教育公平作为国家教育基本政策，重点是促进义务教育均衡发展和扶持困难群体，根本措施是合理配置教育资源，向农村地区、薄弱学校倾斜。政府部门一定要奉行教育公平的理念，公平配置资源，努力统筹师资、生源、设备、经费等教育资源，逐步缩小区域、城乡、校际差距，做到基本均衡，整体提升、动态发展。

第二，追求更有质量的教育，大力发展素质教育。好教育追求的质量内涵是丰富而全面的，要全面发展，要人人获得发展。《国家中长期教育改革和发展规划纲要》明确提出："坚持全面发展。全面加强和改进德育、智育、体育、美育……使学生成为德智体美全面发展的社会主义建设者和接班人。"当前一些学校追求以分数作为给学生划分优劣的唯一依据，学校教育被窄化为智育，从而导致德育、体育、美育等成为学校说起来重要、做起来次要、忙起来不要的工作；片面追求升学率，甚至为了少数几个高分学生放弃其他学生，这些做法是应该坚决摒弃的。面向全体，不"放弃"每一个孩子，促进人人全面发展，是追求有质量教育的一条基本底线。同时要注重个性发展。全面发展和个性发展是现代公民综合素养的一体两面，全面发展不是统一发展，更不是平均发展，而是整体发展和个性发展的和谐统一。在促进学生全面发展的同时，发展学生

的兴趣、个性、特长。实现学生个性发展，这是未来教育的方向。

提高质量是办教育的永恒主题。联合国教科文组织倡导获得优质教育是一项人权。有质量的教育集中体现在教育培养了高素质的人，体现在通过教育立德树人，为中国特色社会主义事业提供最重要的人才资源。良好的国民"素质"被认为对中国现代化建设、民族复兴乃至立足于先进民族之林都至关重要。这在 20 世纪 80 年代初邓小平等党和国家领导人都有充分的认识，把培养"四有"新人、提高整个中华民族的思想道德素质和科学文化素质问题提高到关系整个中华民族伟大复兴的战略高度问题。因而，20 世纪 80 年代中期，提出以促进学生身心发展为目的，以全面提高国民的思想道德、科学文化、劳动技术和身体、心理各项素质，培养能力，发展个性为目的的素质教育。素质教育的三个核心要义：一是面向全体学生；二是使每个学生德智体美全面发展；三是使每个学生个性得到主动的充分发展。可见，素质教育的主张是有质量教育的重要内涵。素质教育自提出以来就受到党和国家高度重视。1999 年中共中央发布全面推进素质教育的决定，2010 年《教育规划纲要》中明确把全面实施素质教育作为教育改革发展的战略主题。党的十八大以来，素质教育得到进一步强调和重视。习近平总书记指出，素质教育是教育的核心，要大力推进素质教育。2017 年《国家教育事业发展"十三五"规划》要求"全面实施素质教育"，党的十九大报告首次提出"发展素质教育"。这是对素质教育的肯定，令人振奋，也引发思考。新形势下我们如何发展素质教育，素质教育被赋予了哪些新的内涵？新一轮信息技术革命下我们应该如何深化素

质教育，如何将它落到实处，变成教育的现实？如何从以往的校园
文化、文化素质教育切入，深入到学科教学、学科教育的过程之
中？如何伴随着招生考试评价改革的推进，深入为学生的个性发展
提供服务，深入到学生的核心素养的养成，实现纲要中提出的"全
面有个性发展"的目标？素质教育不一定要轰轰烈烈，但一定是扎
扎实实的。扎扎实实的素质教育一定是有质量的教育。

（三）遵循教育发展规律，追求促进各类教育协调发展

第一，遵循教育发展规律。教育有自身的发展规律，从内部来
看，要适应并促进人的发展；从外部来看，要适应并促进社会的发
展。《国家中长期教育改革和发展规划纲要》指出："把促进人的全
面发展、适应社会需要作为衡量教育质量的根本标准。"好教育应
该是适应社会的教育，同时应该拥有教育发展的良好环境，促进各
类教育的协调发展。一个国家的学前教育、义务教育、高中教育、
职业教育和高等教育是否协调发展是衡量是否有好的教育基础的重
要标志。党的十九大报告提出，中国特色社会主义进入新时代，我
国社会主要矛盾已经转化为人民日益增长的美好生活需要和不平衡
不充分的发展之间的矛盾。这种不平衡不充分发展的社会主要矛盾
在教育领域同样存在，教育还面临不少问题。习近平总书记在党的
十九大报告中指出，民生领域还有不少短板，群众在就业、教育，
包括医疗、居住、养老等方面面临不少难题。概括起来，教育领域
还存在"两个还不完全适应"的问题，需要加快推进"两个破解"。

"两个还不完全适应"，就是教育还不完全适应人的全面发展，还不完全适应经济社会发展。"两个破解"，就是一些深层次体制机制障碍需要系统破解，一些人民群众关心的热点难点问题需要进一步破解。解决目前教育在结构失调和教育短板问题，很重要的就是促进各类教育协调发展。

第二，促进各类教育协调发展。现阶段需要普惠健康地发展学前教育，均衡优质地发展义务教育，普及多样地发展高中教育，高质量高就业地办职业教育，实现高等教育内涵式发展。学前教育阶段要重点解决"普惠、健康"，有针对性地解决入园难、入园贵以及小学化等问题；加大投入，合理布局，培养师资，解决低小散、师资不稳定和优质资源不足的短板问题。义务教育要解决城乡教育差距，重点要解决"均衡、优质"，有针对性地解决城乡不协调、大中城市"择校热"、县镇"大班额"、农村薄弱校等问题。要高度重视农村义务教育，加大对薄弱学校和农村山区教育的扶持力度，要在做到城乡学校建设标准、教师编制标准、义务教育生均基准定额、学校设施配置标准"四个统一"的基础上，着重改变农村薄弱学校面貌，科学合理布局农村义务教育学校，在教师等资源的配置上要给予倾斜，加强小规模学校和乡镇寄宿制学校的建设，促进教育优质均衡发展。高中阶段教育要抓住"普及、多样"，打好普及高中阶段教育攻坚战，推进普通高中育人方式改革，稳妥推进高考改革，促进高中阶段教育多样化、特色发展、办出水平。职业教育要凸显"质量、就业"，加快完善职业教育和培训体系，深化产教融合、校企合作的办学模式，健全德技并修、工学结合的育人机制，完善提高职业教育质量的体制机制，着力培养学生的工匠精神、职业道德、职业技能和就业创业能力。协调普职比例，改善职业教育办学条件和人才培养模式；高等教育要坚持"扩大规模、调整结构、增强内涵、提高质量"的原则，大力发展高等职业教育，加强对接地方经济，提高服务区域产业升级的能力。

第三，高等教育高水平发展。高等教育要实现"内涵式发展"。党的十八大报告提出，要"推动高等教育内涵式发展"，党的十九大报告提出的是"实现高等教育内涵式发展"。由"推动"变为"实现"，体现了中央对高等教育发展的新要求。要创新高校人才培养机制，不同类型的高等学校要探索适应自身特点的培养模式，着重培养适应社会需要的创新型、复合型、应用型人才。要深化高校科研体制改革，坚持以高水平的科研支撑高质量的人才培养，强化科研育人。要改革高等教育管理方式，完善高校依法自主办学机制，促进高等学校科学定位、差异化发展，办出特色、办出水平、争取一流，避免同质化倾向。

第四，要培养适应社会的各类人才。人才数量取决于教育结构，人才质量取决于教育目标、教育内容、教育手段。培养适应社会的各类人才，要转变教育目标，摒弃高分低能的教育，培养品学兼优、实践能力强的学生。要改进教育内容，重视人文教育、科学教育、艺术教育。要更新教育手段，依靠先进的传播技术和手段来推进教育变革。

三、建设教育强国，要办强的教育

什么是强的教育？有学者憧憬了建成教育强国的中国教育，有六个主要标志。① 一是拥有世界最强大的教育体系。到 2035 年，中国不但具有世界最大规模的正规教育体系，也将具有世界最大规模的非正规教育体系，人人学习、处处学习、时时学习的学习型社会日趋成熟。二是新增劳动力受教育年限进入第一梯队。2020 年，中国新增劳动力受教育年限将达到 13.85 年左右，2035 年达到 15 年左右，基本与 2035 年时发达国家新增劳动力受教育年限平均水平处于同一个起点。三是高等教育文化程度者规模世界第一。预计到 2035 年，高等教育毛入学率达到 60% 以上，高等教育进入普及化阶段。四是人力资源开发进入高层次阶段。2035 年人均受教育年限有望达到 12 年以上。五是中国将成为世界重要的教育中心之一，成为世界最重要的留学生目的地国家。六是教育体系和教育制度更加成熟。中国教育发展经验、发展道路、发展模式和发展理论将为解决世界教育发展问题提供中国方案。如何才能实现这六个方面的强国目标，我们必须保障教育的优先发展地位，必须坚定不移落实科教兴国发展战略，必须加快实现教育现代化。

---

① 陈子季等：《迈向教育强国》，《中国教育报》2017 年 11 月 23 日。

（一）保障教育的优先和基础性、先导性地位

习近平总书记在不同的场合多次强调，要实现"中国梦"的伟大愿景，教育要发挥基础性、先导性和全局性作用，坚持把教育作为对中华民族伟大复兴具有决定性意义的事业。习近平总书记指出，时代越是向前，知识和人才的重要性就愈发突出，教育的地位和作用就愈发凸显。我国正处于历史上发展最好的时期，但要实现"两个一百年"奋斗目标、实现中华民族伟大复兴的中国梦，必须更加重视教育，努力培养出更多更好能够满足党、国家、人民、时代需要的人才。只有实现教育现代化，才能实现人的现代化；只有实现人的现代化，才能实现国家和民族的现代化。"教育兴则国兴，教育强则国强"，通过教育让"青年一代有理想、有担当，国家就有前途，民族就有希望"。教育与人才、民族复兴、国家富强以及人类未来之间的先决性条件关系，决定了必须保障教育的基础性、先导性、全局性的基础地位，这是建设教育强国的基础。

（二）坚定不移地落实科教兴国发展战略

教育兴则国兴，教育强则国强；科技兴则民族兴，科技强则国家强。教育特别是高等教育，是科技这个"第一生产力"和人才这个"第一资源"的重要结合点。高等教育发展水平是一个国家发展水平和发展潜力的重要标志。"办好高等教育，事关国家发展、事关民族未来。"习近平总书记对高等教育对于国家未来发展的重要

作用给予了前所未有的强调，并在战略目标、办学方向作出了重要的指示。"实现中华民族伟大复兴，教育的地位和作用不可忽视，我们对高等教育的需要比以往任何时候都更加迫切，对科学知识和卓越人才的渴求比以往任何时候都更加强烈。"党中央作出加快"建设世界一流大学和一流学科"的战略决策，就是要提高我国高等教育发展水平，增强国家核心竞争力。习近平总书记强调：我国有独特的历史、独特的文化、独特的国情，决定了我国必须走自己的高等教育发展道路，扎实办好中国特色社会主义高校。教育，特别是高等教育，直接关系着国家战略目标和综合国力的实现，打造中国特色、世界水平的现代教育体系，推动一批高水平大学和学科进入世界一流行列或前列，是建设教育强国的应有内容。

教育与科技密不可分。科技创新的基础在于教育。习近平总书记指出，中国的科技发展要迎头赶上世界科技创新大潮，科技创新已成为中国经济发展的根本动力。习近平总书记 2016 年在考察中国科学技术大学，以及致清华大学建校 105 周年的贺信中都反复强调了高等教育在培育创新人才、深度参与创新驱动发展战略实施中的重要作用。"高校作为科技创新的生力军，要创新人才培养机制和教育办法，为国家现代化建设培养造就更多的合格人才、创新人才"。2016 年，党中央颁布了《国家创新驱动发展战略纲要》，明确我国到新中国成立 100 年时成为世界科技强国的发展目标。习近平总书记 2016 年 5 月 30 日在全国科技创新大会上的讲话中指出，"科技是国之利器，国家赖之以强，企业赖之以赢，人民生活赖之以好。中国要强，中国人民生活要好，必须有强大科技。新时期、新形势、新任务，要求我们在科技创新方面有新理念、新设计、新战略"。要"成为世界科技强国，成为世界主要科学中心和创新高地，必须拥有一批世界一流科研机构、研究型大学、创新型企业，能够持续涌现一批重大原创性科学成果"。实现"中国梦"，必须坚持走中国特色自主创新道路，面向世界科技前沿、面向经济主战场、面向国家重大需求，加快各领域科技创新，掌握全球科技竞争先机。这是我们提出建设世界科技强国的出发点。归根结底，教育强才能国家强，科技兴才能民族兴。

（三）必须加快建设教育现代化

党的十九大确立了"到新中国成立一百年时，基本实现现代化，把我国建成社会主义现代化国家"的奋斗目标。教育是现代化建设的基础，建成社会主义现代化国家，必须率先实现教育现代化。教育现代化是教育整体发展水平的体现，包括教育思想、教育制度、教育体系、教育内容、教育手段和方式方法等方面。一个国家的教育现代化体现为既在世界上代表先进水平，又具有本国教育的特点。我们所努力实现的教育现代化就是中国特色和世界水平的统一。建设教育强国，必须大力推进教育现代化，必须坚持中国特色和世界水平。

党的十八大以来，以习近平同志为核心的党中央对推进教育现代化实施了一系列重大举措。提出"发展中国特色、世界水平的现代教育"的要求，丰富了我国教育现代化的内涵，为我国教育现代

19

化和建设教育强国提供了明确的指导。党的十九大报告不仅明确了"加快教育现代化"的目标，还提出了提高教育质量；办好网络教育；完善职业教育和培训体系，深化产教融合、校企合作；加快一流大学和一流学科建设，实现高等教育内涵式发展；加强师德师风建设，培养高素质教师队伍，倡导全社会尊师重教等具体的要求。加快教育现代化，我们要树立现代教育理念，深化教育体制机制改革，完善教育体系，更新教育内容，创新教育模式，推进教育信息化，不断提高教育质量和水平。要提高教育对外开放水平。积极学习借鉴国外先进教育发展和办学治学经验，不断扩大国际教育合作交流渠道，积极参与全球教育治理，为世界教育治理和发展提供中国智慧和中国方案。

四、建设教育强国，要办自信的教育 ①

在迈向教育强国的关键时期，必须确立和提升教育自信，这是我们坚持发扬中国特色、继往开来改革创新的重要前提。回答如何确立和提升教育自信的问题，说到底是要具备教育自信的知识前提、坚定教育自信的立场依据、保持教育发展的高度自省、夯实教育自信的能力基础、提升教育自信的传播智慧。

---

① 该部分内容曾发表于《清华大学教育研究》2018 年第 6 期，标题为《提升中国特色教育自信　建设社会主义教育强国》，特做此说明。

（一）建立教育自信的知识基础

　　教育自信是否具备，取决于是否了解我国教育发展的历史成就和战略形势。习近平总书记指出，当今世界，要说哪个政党、哪个国家、哪个民族能够自信的话，那中国共产党、中华人民共和国、中华民族是最有理由自信的。

　　新中国成立以来，特别是党的十八大以来，中国教育事业实现跨越式发展，成就举世瞩目，同样，当今世界，中国教育也最有理由自信。中国在一穷二白的基础上，在不到 60 年的时间里建成世界上最大规模的教育体系，保障了亿万人民群众受教育的权利，推动教育总体发展水平进入世界中上行列，培养了数以亿计的劳动者，支撑起世界第二大经济体的崛起奇迹。目前，我国新增劳动力平均受教育年限超过 13.3 年，接受高等教育比例超过 45%，高等教育办学规模和年毕业人数居世界首位，占世界高等教育总规模的比例达到 20%，正逐步由人口大国迈向人力资源大国；我国已成为亚洲最大、全球第三的留学目的国；高中阶段毛入学率达到 87.5%，高等教育毛入学率达到 42.7%，超过中高收入国家平均水平；学前 3 年毛入园率达到 77.4%，小学净入学率达到 99.9%，初中阶段毛入学率达到 104.0%，九年义务教育巩固率达到 93.4%，普及程度超过高收入国家平均水平；我国中小学互联网接入率达到 94%，全国 6.4 万个教学点实现数字教育资源全覆盖；我国已建成世界上规模最大的职业教育体系，全国 1.2 万余所职业院校开设了约 10 万个专业点，基本覆盖了国民经济的各个领域，大规模培养了高素质劳动者和技术技能人才。

对我国教育改革发展历史性成就的清醒认识，是确立和提升教育自信的知识基础。对我国教育事业妄自菲薄的观点，往往来自对我国在普及义务教育、发展职业教育、提升高等教育和加强学前教育、特殊教育和终身教育等方面的成就，并不了解；对我国教育为取得这些成就所付出的艰苦卓绝努力、所战胜的前所未有挑战、所面临的极端复杂环境，并不了解；对我国在一些重要教育指标上与同类国家相比较所具有的发展速度优势、发展规模优势和民众受惠优势，并不了解。

（二）坚定教育自信的立场依据

教育自信是否坚定，取决于是否真正具有"四个自信"。习近平总书记 2018 年在北京大学师生座谈会上的讲话中指出，"要把中国特色社会主义道路自信、理论自信、制度自信、文化自信转化为办好中国特色世界一流大学的自信"。同样，应该把"四个自信"转化为中国特色社会主义教育自信。"四个自信"是教育自信的根本依据，教育自信则是"四个自信"的重要体现。

一方面，中国教育之所以取得历史性成就，是因为社会主义道路把人民群众的物质文化生活水平提高和人的全面发展作为根本目标，是因为马克思主义理论为把握人才培养规律和处理与教育相关诸多问题提供了科学指导，是因为社会主义制度在全面普及基础教育、迅速提升高等教育、大力发展职业教育和及时拓展其他教育等方面显现出巨大优势，也是因为数千年中华文明在教育方面积累了极其丰富的智慧和经验。另一方面，新中国成立以后，尤其改革开放以来，中国共产党坚持不懈地致力于发展中国特色社会主义教育事业，把提高人民群众的教育水平作为社会主义优越性的最重要表现之一。在党的十九大报告中，习近平总书记明确提出"建设教育强国是中华民族伟大复兴的基础工程，必须把教育事业放在优先位置，加快教育现代化，办好人民满意的教育。"因此，只要真正相信中国共产党的奋斗目标和领导能力，就一定会对我国的教育事业未来发展充满信心。

（三）保持教育自信的高度自省

教育自信是否清醒，取决于是否同时具有教育自省。习近平总书记强调我们党的"社会革命"使命与"自我革命"使命是有机统一的，表现在实际工作当中，就是高度自信和高度自省的有机统一。

我国教育事业的发展，从发展速度来说，很有理由自信，但从发展质量来看，很有必要自省。城乡学前教育资源短缺的问题依然突出，入公办园难、入普惠性民办园难、就近入园难的压力依然很大；高中阶段教育资源不足，大班额、超大班额现象还比较普遍，经费投入机制尚不健全，普通高中负债面高达70%以上。我国教育事业从总量规模来说，很有理由自信，但从人均水平和公平程度来说，很有必要自省。我国已建成世界最大规模教育体系，但区域间、城乡间、校际间、群体间教育资源配置仍存在很大差距。我国教育事业从回顾以往发展成就的角度看，很有理由自信，但从展望未来发展前景的角度看，又很有理由自省。

我国教育投入突破 3 万亿大关，为教育现代化提供了有力支撑，但投入依然以政府为主，社会教育投入不足，经济新常态背景下公共财政教育经费面临增量配置困境，建设教育强国面临挑战。在教育发展的不同时段、不同地区，教育公平和教育质量的关系、教育公平和教育效率及教育活力的关系，有时会让我们觉得有足够理由去加强自信，有时又会让我们觉得有不少理由去加强自省。只有充分承认我国教育事业发展面临的问题和挑战的情况下，时刻保持教育自省，我们的教育自信才是全面的、深刻的，令人信服的。

（四）夯实教育自信的能力基础

教育自信是否巩固，取决于我们是否善于在追求伟大目标的同时加强优势、发现问题和解决问题。我们要以"目标导向"的思路强化四个自信，通过更加坚定而成功地走社会主义道路（比如强调教育的公共性和公益性），通过坚定而有创造性运用马克思主义理论指导工作（比如，尊重人的全面发展的目标和规律），通过更加坚定而智慧地运用社会主义制度优越性（比如，集中力量办教育、集中力量办大教育、集中力量办好教育），更加坚定而全面地发扬中华民族优秀教育传统（比如，"文以载道、以文化人"、"因材施教"、"有教无类"、"传道授业解惑"、"师道尊严"、"尊师重教、崇智尚学"等），来为教育自信提供更加扎实的基础。我们也要以问题导向的思路去强化"四个自信"，也就是说以实事求是的态度对待存在的问题（有关教育的公平、质量、效用、活力等），在周密调查研究的基础上（了解有关教育的数据、民意、专家意见），形成符合教育和学习规律、符合人民意愿和党的意志、符合社会主义初级阶段客观条件的解决问题方案，坚定不移地推进教育现代化、建设教育强国，扎扎实实地缩小与发达国家教育之间的差距，缩小与人民群众对更美好生活的愿望之间的差距，缩小与社会主义现代化强国建设的需要之间的差距。

（五）提升教育自信的传播智慧

中国特色社会主义教育自信能否在世界范围内获得共识，取决于我们是否善于运用国际通行方式，来总结和传播我们自己的独特经验。中国特色的教育话语很重要，但"话语"的说服力取决于传播的技巧，更取决于传播的内容。

从技巧上说，要熟悉教育领域的国际话语，要了解国际传播的受众心理，打造易于为国际社会所理解和接受的新概念、新范畴、新表述，引导国际学术界展开研究和讨论。要有意识地加强培养具有国际视野、熟悉国际规则的高端人才，有计划地派驻国际组织，提高国际组织中中国代表的比例，增加中国在国际舞台上的话语权和影响力。要鼓励教育研究机构参与和设立国际性学术组织，支持和鼓励建立海外中国教育研究中心，支持国外研究机构和学者研究中国教育问题。从内容上说，要通过对中国教育的研究，构建中国教育理论体系，提炼出有助于解决在国际上具有相当普遍意义的教育问题的中国智慧、中国经验和中国方案。中国积累了诸多经过实践检验的成功经验，比如党领导教育的制度优势、上海基础教育的特色尤其是数学教育方面的成功经验、教师的教研制度和培训方式，大中小学德育的一体化等。再如我国提出的"素质教育"概念，已成为专有名词被译为"Suzhi Education"，得到国际学界认同并被收入英国教育大辞典。要抓住改革开放 40 年的时间节点，对这些成功经验加以深入挖掘和梳理总结，积极构建能够解释中国教育发展实践的理论体系。

教育强国是教育综合实力、培养能力、国际影响力和竞争力具有突出地位和强大世界影响的国家。建设教育强国是中国共产党着眼于中华民族伟大复兴，着眼于建设中国特色社会主义伟大事业，着眼于世界时事发展趋势所作出的伟大战略选择，是中国共产党几代领导人的伟大梦想。党中央已经发出了建设教育强国的动员令，作为教育工作者，必将以此为新使命，新任务，牢记总书记嘱托，坚持正确的办学方向，努力奋斗，把教育办对、办好、办强、办自信，为加快从教育大国向教育强国迈进作出更大贡献。

第二章　实现人才强国与教育强国有机结合

家无人不兴，国无才不盛，人才是治国兴邦之本。实现人才强国和教育强国战略是国之大计，民之大计、家之大计。习近平总书记在党的十九大报告中明确提出："坚定实施科教兴国战略、人才强国战略。""建设教育强国是中华民族伟大复兴的基础工程。"人才强国和教育强国是中国现代化建设的两大重要战略，也是实现中华民族伟大复兴的必要基础。

人才强国和教育强国思想是人口思想、教育思想与强国思想的完美结合，创造了一个经济全球化背景下通过发展教育开发人类自身资源与能力、培养创新人才，谋求和平发展和可持续发展的新理念。人才强国和教育强国是对马克思主义关于人口和教育发展思想的继承、发展和创新，是新时代习近平中国特色社会主义思想的重要组成部分，是和平发展思想的具体体现。

人才强国和教育强国内涵丰富。在汉语中，"强"既是形容词，也是动词，可用来形容一个国家教育综合实力和人才培养能力雄厚，具有一种强大而有质量教育和庞大的人才队伍；"强"的另外含义是指有能力建设人才强国和教育强国，可以全面提升国民整体素质，使国家更加富强、更加文明、更加美丽，更具有竞争力和影响力。

一、人才强国和教育强国是实现"中国梦"的宏大使命

100 多年前，著名思想家、改革家、教育家梁启超先生曾说"亡而存之，废而举之，愚而智之，弱而强之，条理万端，皆归本于学校，故欲兴学校、养人才，以强中国，惟变科举为第一要义"，初步展示了人才大计，教育强国的梦想。习近平总书记站在中华民族伟大复兴"中国梦"的高度，将科教兴国战略与人才强国战略紧密结合，在《为建设世界科技强国而奋斗》的讲话中强调指出："新时期、新形势、新任务，要求我们在科技创新方面有新理念、新设计、新战略。我们要深入贯彻新发展理念，深入实施科教兴国战略和人才强国战略，深入实施创新驱动发展战略，统筹谋划，加强组织，优化我国科技事业发展总体布局。"①

（一）建设人才强国和教育强国是新时代的必然选择

人才强国是中国特色的创新概念，是指人才资源总量丰富、开发充分、结构合理、效能发挥达到世界先进水平的国家，包涵人力

---

① 习近平：《为建设世界科技强国而奋斗——在全国科技创新大会、两院院士大会、中国科协第九次全国代表大会上的讲话》，人民出版社 2016 年版，第 6 页。

资源数量、质量、结构、能力及利用效率等方面重要因素。教育强国是教育综合实力、培养能力、国际影响力和竞争力具有突出地位和强大世界影响的国家。建设教育强国是中国共产党着眼于世界教育与人力资源发展趋势，着眼于中华民族伟大复兴所作出的政治抉择和战略选择。人才强国和教育强国都是一个中国本土概念，是中国共产党领导集体的智慧结晶，是马克思主义人口思想、教育思想和国家思想中国化的最新成果。

中国共产党历代领导人高度重视人才培养。改革开放之初，百业待举，百废待兴，中国领导人抓住建设之要，兴国之本，毅然推进教育改革开放，送大批留学生出国学习深造，为国家建设培养人才。早在 1985 年，邓小平同志在第一次全国教育工作者会议上就高瞻远瞩地指出："我们国家，国力的强弱，经济发展后劲的大小，越来越取决于劳动者的素质，取决于知识分子的数量和质量。"邓小平同志进一步强调指出："一个十亿人口的大国，教育搞上去了，人才资源的巨大优势是任何国家比不了的。"① 邓小平同志坚定地明确指出："发展经济必须依靠科技、依靠人才、依靠教育。"将科技、人才和教育置于国家经济社会发展的总体格局中完整地统一起来。2000 年，江泽民同志在亚太经济合作组织（APEC）文莱年会上指出，"世间万物，人是最宝贵的。人力资源是第一资源"，提出了人力资源是第一资源的思想和加强人力资源能力建设的主张。2005 年 10 月，胡锦涛同志在党的十六届五中全会上的讲话中指出，

---

① 邓小平：《把教育工作认真抓起来》，《中国教育报》1994 年 1 月 1 日。

"要推进人力资源能力建设，提高劳动者整体素质，使我国从人口大国转变到人力资源强国"，第一次代表党中央明确提出人力资源强国的思想。2013 年 10 月 21 日，习近平总书记在北京出席欧美同学会成立 100 周年庆祝大会并发表重要讲话指出："致天下之治者在人才。"人才是衡量一个国家综合国力的重要指标。没有一支宏大的高素质人才队伍，全面建成小康社会的奋斗目标和中华民族伟大复兴的中国梦就难以顺利实现。

表 2-1　国家人才发展主要目标

指标	单位	2010 年	2015 年	2020 年
人才资源总量	万人	12165	17490.6	18025.0
每万劳动力中研究人员	人年/万人	33.6	48.5	43.0
高技能人才占技能劳动者比例	%	25.6	27.3	28.0
主要劳动年龄人口受过高等教育的比例	%	12.5	16.9	20.0
人力资本投资占国内生产总值比例	%	12.0	15.8	15.0
人才贡献率	%	26.6	33.5	35.0

资料来源：中共中央组织部：《2015 中国人才资源统计报告》，党建读物出版社 2017 年版，第 3 页。

　　建设与社会主义现代化强国相适应的人才体系、人才制度和人才资源。党的十九大报告明确提出，新时代中国特色社会主义的总任务是实现社会主义现代化和中华民族伟大复兴。建设人才强国和教育强国是党中央的重大战略抉择。习近平总书记指出："人才是第一资源。古往今来，人才都是富国之本、兴邦大计。"2016 年 5

月 6 日，学习贯彻《关于深化人才发展体制机制改革的意见》座谈会在京召开，习近平总书记就深化人才发展体制机制改革作出重要指示："办好中国的事情，关键在党，关键在人，关键在人才。综合国力竞争说到底是人才竞争。要加大改革落实工作力度，把《关于深化人才发展体制机制改革的意见》落到实处，加快构建具有全球竞争力的人才制度体系，聚天下英才而用之。要着力破除体制机制障碍，向用人主体放权，为人才松绑，让人才创新创造活力充分迸发，使各方面人才各得其所、尽展其长。要树立强烈的人才意识，做好团结、引领、服务工作，真诚关心人才、爱护人才、成就人才，激励广大人才为实现'两个一百年'奋斗目标、实现中华民族伟大复兴的中国梦贡献聪明才智。"党的十九大报告中习近平总书记再一次明确强调："聚天下英才而用之，加快建设人才强国。"这成为我国社会主义新时代人才建设的重要指南，也是新时代建设人才强国和教育强国新的集结号和动员令。

（二）建设人才强国和教育强国是新时代的重要使命

进入 21 世纪，特别是党的十八大以来，为实现民族复兴、国家强盛的宏伟目标，以习近平同志为核心的党中央提出了一系列强国战略，如人才强国战略、质量强国战略、文化强国战略、海洋强国战略、创新强国战略（创新驱动发展战略实质上是创新强国战略）、制造强国战略、网络强国战略。

21 世纪，被视为亚太世纪，也是中国世纪。中国将实现伟大复兴的"中国梦",并将成为世界级的人力强国和教育强国。习近平总书记指出:中国是一个发展中的大国。"块头大不等于强,体重大不等于壮,有时是虚胖。"这种"虚胖",代表着只大不强,代表着发展质量不高;在教育上代表着有规模无质量、有速度而不可持续。《国家中长期教育改革和发展规划纲要(2010—2020 年)》指出:"我国实现了从人口大国向人力资源大国的转变","加快从教育大国向教育强国、从人力资源大国向人力资源强国迈进。"首次在中央文件中正式提出教育强国的概念。

(三)建设人才强国和教育强国是新时代的系统工程

孙中山先生一生寻求富民强国之事业,将教育强国作为治国方略的重要内容,希望通过"天下无不学之人,无不学之地",实现教之有道,以强国家的政治理想。2014 年 6 月 9 日,习近平同志在《加快从要素驱动、投资规模驱动发展为主向以创新驱动发展为主的转变》中更加明确地指出:"'一年之计,莫如树谷;十年之计,莫如树木;终身之计,莫如树人。'我们要把人才资源开发放在科技创新最优先的位置,改革人才培养、引进、使用等机制,努力造就一批世界水平的科学家、科技领军人才、工程师和高水平创新团队,注重培养一线创新人才和青年科技人才。"只有把人才资源开发摆在首位,切实改革人才资源开发的体制机制,才能造就出高质量、创新型的人才大军,为实现强国梦提供强有力的人才支撑。

人才强国与教育强国是高度统一的国家战略。2006 年 8 月 29

日，胡锦涛同志在中共中央政治局第三十四次集体学习时指出："必须坚定不移地实施科教兴国战略和人才强国战略，切实把教育摆在优先发展的战略地位，推动我国教育事业全面协调可持续发展，努力把我国建设成为人力资源强国，为全面建设小康社会、实现中华民族的伟大复兴提供强有力的人才和人力资源保证。"坚持把教育摆在优先发展的战略地位，建设人力资源强国是我们党提出的一项重大方针，也是发挥我国人力资源优势、建设创新型国家、加快推进社会主义现代化的必然选择。

人才问题既有数量问题，更有质量问题，习近平新时代中国特色社会主义思想充分体现了教育强国的思想精髓。2014年9月9日，习近平总书记同北京师范大学师生代表座谈发表重要讲话时明确指出：当今世界的综合国力竞争，说到底是人才竞争，人才越来越成为推动经济社会发展的战略性资源，教育的基础性、先导性、全局性地位和作用更加凸显。"两个一百年"奋斗目标的实现、中华民族伟大复兴中国梦的实现，归根到底靠人才、靠教育。源源不断的人才资源是我国在激烈的国际竞争中的重要潜在力量和后发优势。希望广大教师认清肩负的使命和责任，努力为发展具有中国特色、世界水平的现代教育，培养社会主义事业建设者和接班人作出更大贡献！

人类正在从传统的工业社会向知识经济社会转变，经济发展正在从依靠物质资源为主，转向依靠掌握先进思想、科学技术和创新能力的高素质人才为主，人才资源已经成为先进生产力的集中体现。全面实施人才强国和教育强国战略，全面提高全民族的思想道德和科学文化素质，培养数以亿计的高素质劳动者、数以千万计的专门人才和一大批拔尖创新人才，加快实现经济增长方式和经济体制的根本转变，是新时代中国经济发展、社会进步和民族振兴的根本大计。

二、人才强国战略是实现国家强盛的关键战略

早在 1992 年，邓小平同志在南方谈话中强调指出："中国的事情能不能办好，社会主义改革开放能不能坚持，经济能不能快一点发展，国家能不能长治久安，从一定意义上说，关键在人。"人才是发展的第一要素，谁占有了人才，谁就拥有了未来。

20 世纪 90 年代，江泽民同志创造性地提出人才资源是第一资源的重要思想，要开发利用我国巨大的人力资源特别是人才资源，把我国的人口压力转化为人才资源优势，把我国由人口大国转化为人才资源强国。

2016 年 5 月 6 日，在《关于深化人才发展体制机制改革的意见》座谈会上，习近平总书记就深化人才发展体制机制改革作出重要指示："要树立强烈的人才意识，做好团结、引领、服务工作，真诚关心人才、爱护人才、成就人才，激励广大人才为实现'两个一百年'奋斗目标、实现中华民族伟大复兴的中国梦贡献聪明才智。"

基于中国人口、政治、经济发展情况，在学习借鉴世界教育与人才发展理论的基础上，结合中国实际，中国共产党提出了人才强

国和教育强国的思想，这是马克思主义中国化的最新成果，也是中国特色社会主义思想的重要组成部分。教育强国是要将我国巨大的人口资源转变为丰富的人才资源、实现科学发展与和平发展的坚实基础；这是一个十几亿人口的发展中大国摆脱贫困，全面建设小康社会，加快实现现代化的有力支撑；是建设富强、民主、和谐的社会主义国家，实现中华民族振兴、人民富裕安康的可靠保障。

（一）人才是国家经济社会发展的第一资源

人力资源强国理论核心是人本思想，战略目标是实现和平发展，促进我国经济、社会和人口的可持续发展。人才强国包括两层重要内涵：一是指既重视国家整体人力资源特别是人才资源的开发，又重视每一个公民自身能力资源的开发，国家整体人力资源要在数量和质量上居于世界领先位置；二是指在经济全球化背景下，一个国家告别依靠对自然资源的破坏性开发和掠夺他国自然资源的方式，实现自然资源有序和可持续开发，并主要依靠对人的自我能力的开发来实现强国目标。前者体现了以人为本的思想，后者体现了和平发展和可持续发展思想。世界各国都把"人力资源开发"确立为国家发展的核心战略，纷纷调整教育与人力资源开发体制，设立专门机构，制定国家人力资源开发政策和战略。

以人为本是人力资源强国思想的核心理念。我国最大的国情是有13亿多人口。坚持以人为本，就是要坚持以促进13亿多人口的生存、发展和幸福为本。科学发展观，第一要义是发展，核心是以人为本。人力资源强国思想的核心与科学发展观的核心具有内在的本质联系，坚持以人为本，尊重人的存在，尊重存在的人，重视人的自身资源开发和能力发展，促进人的全面发展，这既是科学发展观的基本思想，也是人力资源强国思想的核心内涵。以人为本的关键是要明确发展依靠谁、发展为了谁的问题。建设人力资源强国就是要解决发展依靠人民，发展为了人民，发展成果由人民共享的战略问题。

人力资源是我国最大的资源，也是人类取之不尽、用之不竭的最大资源。我国的发展不是也不可能依靠掠夺别国的自然和人力资源来实现国家的发展，不是也不可能单纯依靠开发和掘取自然资源实现国家的发展。建设人力资源和人才强国是促进和平发展的根本途径。建设人力资源强国是和平发展的必然要求和战略选择，其根本目的是要解决我国长期发展的根本动力问题。和平发展是我国政府实现发展的战略选择，这就是通过维护世界和平发展自己，又通过自身发展维护世界和平发展。

（二）人才强国是可持续发展的根本性保障

研究表明，人力资源对于物质资源具有较强的替代性，人力资源开发是促进可持续发展的长期保障。可持续发展思想是"既满足当代人，又不对后代人满足其需要的能力构成危害的发展"。国民素质的提高意味着在我国的又一次伟大变革，意味着中华民族又一次伟大改造。建设人才资源强国，就是要全面提高中华民族的整体素质，使全体国民具有促进自身和国家生存与发展的能力。实现全体国民人力资源的充分开发、充分利用和充分价值，是人才强国建设的根本出发点。习近平总书记在《在上海考察时的讲话》和《在参加十二届全国人大三次会议上海代表团审议时的讲话》中一针见血地指出："人才是创新的第一资源。没有人才优势，就不可能有创新优势、科技优势、产业优势。""人才是创新的根基，创新驱动实质上是人才驱动，谁拥有一流的创新人才，谁就拥有了科技创新的优势和主导权。"

（三）人才强国是一项全民共同发展的事业

"致天下之治者在人才。"当今世界的综合国力竞争，说到底是人才竞争。

2014年6月9日，习近平总书记在中国科学院第十七次院士大会、中国工程院第十二次院士大会开幕会上的讲话指出，"实现中华民族伟大复兴，人才越多越好，本事越大越好。知识就是力量，人才就是未来。我国要在科技创新方面走在世界前列，必须在创新实践中发现人才、在创新活动中培育人才、在创新事业中凝聚人才，必须大力培养造就规模宏大、结构合理、素质优良的创新型科技人才。要把人才资源开发放在科技创新最优先的位置，改革人才培养、引进、使用等机制，努力造就一批世界水平的科学家、科技领军人才、工程师和高水平创新团队，注重培养一线创新人才和青年科技人才"。在全国组织工作会议上，他讲话指出："要树立强烈的人才意识，寻觅人才求贤若渴，发现人才如获至宝，举荐人才不拘一格，使用人才各尽其能。"

实施人才强国战略，是党和政府坚定的理念和共识。国务院总理李克强在 2018 年《政府工作报告》中指出："我们拥有世界上数量最多、素质较高的劳动力，有最大规模的科技和专业技能人才队伍，蕴藏着巨大的创新潜能。要坚持以改革开放为动力、以人力人才资源为支撑，加快创新发展，培育壮大新动能、改造提升传统动能，推动经济保持中高速增长、产业迈向中高端水平。"[①]截至 2015 年年底，我国企业经营管理人才总数为 43341190 人，其中，具有研究生学历的仅占 3.6%，大学本科学历的占 31.6%，其余 64.8% 为大专、中专及以下学历。专业技术人才总数为 73281096 人，其中，研究生学历的占 5.2%。

教育为可持续发展提供赖以生存的基础。提高全民整体素质，需要教育为可持续发展提供人才和智力支持。第一，人口问题从本质上讲是一个发展问题。人是物质文明和精神文明的创造者、享有者，是社会经济发展的主体和载体，可持续发展必须坚持以人为本。第二，优先开发人力资源，是保持国民经济持续、快速、健康发展，实现"三个转变"的根本保证。第三，教育是人口可持续发展的一个关键因素。只有通过优先发展教育，才能使全体公民形成有利于可持续发展的生产方式和生活方式，才能促进和实施可持续发展战略。第四，教育与可持续发展相互促进。教育发展为可持

---

① 李克强：《政府工作报告——2018 年 3 月在第十三届全国人民代表大会第一次会议上》，人民出版社 2018 年版，第 25 页。

续发展提供人才和智力支持，可持续发展为教育发展提供更广阔的空间。

要做到人有其学、学有其所、学有其用，全体国民的人力资源得到充分开发、充分利用，为国家复兴、个人发展和家庭幸福贡献力量；基于我国的基本国情，努力将人口负担转变为人力资源，促进人力资源大国转变为人力资源强国，真正实现人才强国目标。

三、教育强国是中华民族伟大复兴的基础工程

党的十九大报告提出，从十九大到二十大，是"两个一百年"奋斗目标的历史交汇期。我们既要全面建成小康社会、实现第一个百年奋斗目标，又要乘势而上开启全面建设社会主义现代化国家新征程，向第二个百年奋斗目标进军。

2010年7月，胡锦涛同志在第四次全国教育工作会议上强调指出："强国必先强教"，"教育是国计，也是民生；教育是今天，更是明天。""加快从教育大国向教育强国、从人力资源大国向人力资源强国迈进，为中华民族伟大复兴和人类文明进步作出更大贡献"，明确提出了教育强国的战略思想，深刻揭示了我国教育面临的新挑战、新任务。习近平总书记指出："教育决定着人类的今天，也决定着人类的未来。人类社会需要通过教育不断培养社会需要的人才，需要通过教育传授已知、更新旧知、开掘新知、探索未知，从而使人们能够更好认识世界和改造世界、更好创造人类的美好未

来。"① 人民梦化作每个人追求梦想的力量，每一个人将自己的梦想融入民族梦和国家梦，就将汇聚成为实现中国梦的伟大力量。

教育强国思想是社会主义强国思想的重要内容，其本质内涵是：通过优先发展教育，建设一个教育综合实力和服务能力强大的国家，构建全体人民普遍享受优质基本公共教育服务的教育制度和具有世界先进水平、为建设一流国家提供强有力支撑的现代化教育。教育强国是推进国家富强、实现人民富裕的根本动力。教育强国的重大战略意义在于：

（一）教育强国是国家意志，是强国之基

教育强国思想是科教兴国思想的重要体现，是党中央、国务院的重大战略部署，是国家意志和国家行动。温家宝同志指出："当今世界，人力资源成为推动经济社会发展的战略性资源，人才培养和储备成为各国参与国际竞争、占据制高点的重要手段。教育振兴直接关系国民素质的提高和国家振兴，只有一流的教育，才有一流的人才，一流的国家实力，才能建设一流国家。教育兴国、教育立国、教育强国都是国家意志。"② 教育可以强国，国家必须依靠教育实现富强。全面建设小康社会，需要建设教育强国；建设人才强

---

① 习近平：《致清华大学苏世民学者项目启动的贺信》，《人民日报》2016 年 5 月 12 日。

② 国务院办公厅：《温家宝：百年大计，教育为本》，2009 年 1 月 4 日，见 http://news.xinhuanet.com/newscenter/2009-01/04/content_106014611.htm。

国，需要建设教育强国；建设创新型国家，需要建设教育强国；中国和平发展，需要建设教育强国。

（二）教育强国是人民意愿，是富民之本

胡锦涛同志在第四次全国教育工作会议上指出："教育是今天，也是明天；教育是国计，也是民生。""教育公平是社会公平的重要基础。坚持教育的公益性和普惠性，把促进公平作为国家基本教育政策，是促进社会公平的重要基础性任务。教育公平的关键是机会公平，基本要求是保障公民依法享有受教育的权利，重点是促进义务教育均衡发展和扶持困难群众，根本措施是合理配置教育资源。"① 民之本在于富智，智穷则恒穷，智富则常富。教育可以富民，人民必须依靠教育才能富裕。

（三）教育强国是世界潮流，是竞争保障

教育强则国强，教育强则恒强。面对激烈竞争的全球化时代，英国前首相布莱尔强调指出："教育、教育、教育——现在和永远都是英国经济取胜的关键。……我们教育要为绝大多数青少年提供优质的而不只是良好的教育。"布莱尔的讲话和英国教育政策表明的是这样的国家意识和竞争核心：只有教育的强大，才能赢得经济

---

① 《胡锦涛：在全国教育工作会议上的讲话》，2010 年 7 月 13 日，见 http：//www.gov.cn/ldhd/2010-09/08/content_1698579.htm。

的强大；现时的教育价值取向应该是为大多数学生提供优质教育。21 世纪第二个十年到来之际，在一个占全球五分之一人口的发展中国家，建设教育强国，不仅将对全面小康社会建设和中华民族的伟大复兴产生重大影响，无疑也将改变世界的教育格局和人力资源开发版图，提升整个人类的知识、能力和创造力水平。

中国教育发展经历了从穷国办大教育到大国办大教育，再从大国办强教育和强国办强教育的历史阶段。建设教育强国，第一次写入中国共产党全会报告，成为全党和全国人民的奋斗目标，这是党中央发出的建设教育强国的动员令，这是教育在中华民族伟大复兴中的新定位、新使命，是新时代社会主义教育事业的新特征、新征程，必将成为未来几十年中国教育发展的重要指南。从"有学上"到"上好学"，从"大起来"到"强起来"，是中国教育发展的一个重要分水岭，是中国教育进入新时代的一个重要标志。2035 年，中国要成为教育强国，提前 15 年为社会主义现代化强国奠定人才和智力基础，为中华民族伟大复兴做出重大贡献。

四、建设人力强国和教育强国的政策建议

（一）进一步明确建设教育强国的目标设计

中国特色社会主义进入了新时代，这是我国发展新的历史方

位。中国教育的时代是一个实现从大到强、建设教育强国的新时代，是一个中国人民享受世界水平现代化教育的新时代，是一个中国更加自信地走向世界教育舞台中心的新时代。新时代教育发展的总战略是优先发展，总方向是教育现代化，总目标是建设教育强国，总任务是立德树人，总追求是人民满意。要实现从教育大国向教育强国的战略转变，战略重点是实现从规模发展向质量提升的战略转移，主体策略是实施供给侧结构性改革。

建设教育强国的新时代。教育强国是教育综合实力、培养能力、国际影响力和竞争力具有突出地位和强大世界影响的国家。实现教育强国目标，需要采取"两步走"战略：第一步跨越：到 2020 年，全面落实《教育规划纲要》，实现或超额全面建成小康社会的教育目标，比国家提前 15 年基本实现教育现代化，基本形成学习型社会，进入人力资源强国行列，教育发展的主要指标达到中等收入国家先进水平。第二步跨越：到 2035 年，教育质量和教育竞争力、影响力全面提升。实现从追赶到超越的战略转变，跨入高人类发展指数国家行列，提前 15 年基本建成现代化教育强国，进入人力资源强国先进行列。

（二）构建与教育强国地位相适应的体系

教育体系是指相互联系着的各种教育机构的总系统，包括学前教育机构、学校教育机构以及为终身学习和职业发展所设立的各种文化技能教育机构。从功能上分，教育体系可以划分为正规教育体系和非正规教育体系；从层次的划分，教育体系可以划分为学前教育体系、小学教育体系、中学教育体系和大学教育体系。同时，教育体系还包括学校教育体系、家庭教育体系和社会教育体系。另外一种划分方法为国民教育体系和终身教育体系。建设与中国未来强国地位相适应的教育体系，是中国教育改革和发展的重要使命，是21世纪中国教育发展的重点任务和重要支撑，其最重要特点是开放性、普惠性和均等化。

将中国建设成为世界重要的教育中心之一。从教育发展和国家总体战略考虑，中国需要构建以城市为主导的四级教育中心网，形成以北京为代表的全国教育中心，以上海、成都、西安为代表的全国性区域教育中心，以省会城市为代表的区域教育中心和以市、县级城市为代表的地区教育中心，成为21世纪中国教育的增长极，带动全国教育改革和发展。

（三）坚持党管人才原则，完善人才发展机制

习近平总书记多次指出："办好中国的事情，关键在党，关键在人，关键在人才。"强调："人才是实现民族振兴、赢得国际竞争主动的战略资源。要坚持党管人才原则，聚天下英才而用之，加快建设人才强国。"①

2013年9月30日，习近平总书记主持中共中央政治局第九

① 《习近平：人才是创新的第一资源》，2016年3月3日，见 http：//www. chinanews.com/gn/2016/03-03/7782297.shtml。

次集体学习并发表重要讲话，提出要用好用活人才，建立更为灵活的人才管理机制，打通人才流动、使用、发挥作用中的体制机制障碍，最大限度支持和帮助科技人员创新创业。要深化教育改革，推进素质教育，创新教育方法，提高人才培养质量，努力形成有利于创新人才成长的育人环境。要积极引进海外优秀人才，制定更加积极的国际人才引进计划，吸引更多海外创新人才到我国工作。

　　要树立强烈的人才意识使用人才各尽其能。习近平总书记指出："用一贤人则群贤毕至，见贤思齐就蔚然成风。各级党委及组织部门要坚持党管干部原则，坚持正确用人导向，坚持德才兼备、以德为先，努力做到选贤任能、用当其时，知人善任、人尽其才，把好干部及时发现出来、合理使用起来。要树立强烈的人才意识，寻觅人才求贤若渴，发现人才如获至宝，举荐人才不拘一格，使用人才各尽其能。"①"要择天下英才而用之"，"要在全社会大兴识才、爱才、敬才、用才之风"。李克强总理提出"深化人才发展体制改革，推进人力资源自由有序流动，支持企业提高技术工人待遇，加大高技能人才激励，鼓励海外留学人员回国创新创业，拓宽外国人才来华绿色通道"②等重大人才措施。

---

　　① 习近平：《在全国组织工作会议上的讲话》，中央文献出版社 2014 年版，第 334 页。
　　② 李克强：《政府工作报告——2018 年 3 月在第十三届全国人民代表大会第一次会议上》，人民出版社 2018 年版，第 25 页。

（四）大力调整人才结构，提升人才质量和水平

紧密结合人才结构调整需要，推进教育供给侧结构改革。教育结构调整是教育供给侧改革的重要方面，是提高教育质量、推进教育内涵发展的重要路径。加快建立分类设置、评价、指导、拨款的分类管理制度体系，引导一批高校和专业集群向应用技术类型高等教育发展，为培养多类型、多层次、高质量的应用型人才搭建平台。要加大应用型人才培养的改革力度，高校的专业设置、教育教学内容要更加贴近产业发展的现实需求，教学模式要更加灵活和多元化。到 2020 年基本实现应用型人才占 70%左右的高等教育人才培养结构，扩大专业学位研究生教育的规模，推动硕士研究生教育向应用型转移。进一步扩大博士研究生规模；增加博士专业学位的类型，可增设公共管理类和法律类博士专业学位。扩大专业硕士学位研究生的专业范围，从目前的 39 种增至 60 种左右。

"十三五"规划明确提出："推动人才结构战略性调整，突出'高精尖缺'导向，实施重大人才工程，着力发现、培养、集聚战略科学家、科技领军人才、社科人才、企业家人才和高技能人才队伍。培养一批讲政治、懂专业、善管理、有国际视野的党政人才。"①

习近平总书记强调指出："实行更加积极、更加开放、更加有效的人才政策，以识才的慧眼、爱才的诚意、用才的胆识、容才的雅量、聚才的良方，把党内和党外、国内和国外各方面优秀人才集

---

① 《中华人民共和国国民经济和社会发展第十三个五年规划纲要》，2016 年 3 月 17 日，见 http：//www.xinhuanet.com/politics/2016lh/2016-03/17/c_1118366322.htm。

聚到党和人民的伟大奋斗中来，鼓励引导人才向边远贫困地区、边疆民族地区、革命老区和基层一线流动，努力形成人人渴望成才、人人努力成才、人人皆可成才、人人尽展其才的良好局面，让各类人才的创造活力竞相迸发、聪明才智充分涌流。"① 教育发展水平和人才资源开发利用水平决定着未来经济社会发展水平与质量。

总之，人才强国和教育强国战略是实现中华民族伟大复兴的重大谋划、重大战略，是对马克思关于人口和教育理论中国化的重要成果，是我党人才思想和教育思想的重大发展。

---

① 习近平：《决胜全面建成小康社会　夺取新时代中国特色社会主义伟大胜利——在中国共产党第十九次全国代表大会上的讲话》，《人民日报》2017 年 10 月 19 日。

第三章　加快发展公平而有质量的
基础教育

　　习近平总书记在党的十九大报告中论述"优先发展教育事业"时强调，要"推进教育公平""努力让每个孩子都能享有公平而有质量的教育"。这是党对全国人民的庄严承诺，是新时代中国教育发展的使命所在，也是全面深化教育领域综合改革的重点所在，更是中国特色社会主义教育的重心所在。同样，基础教育领域必须朝着"实现公平而有质量的教育"方向努力。当前我国社会的主要矛盾已经转化为人民日益增长的美好生活需要和不平衡不充分的发展之间的矛盾；在教育领域具体表现为，人民日益增长的对于优质教育需求与当前教育事业发展不平衡不充分之间的矛盾。当前，基础教育领域同样存在着不平衡不充分的现象，并由此产生诸多问题。为此，如何实现公平而有质量的基础教育，是当前基础教育改革与发展的重要任务之一，同样也是教育研究者必须回答的课题。

一、认清公平而有质量的基础教育之概念

公平而有质量的教育是新时代中国教育的重要特征之一，公平而有质量的基础教育在国家教育体系中则处于基础性、先导性和全局性的地位。党的十九大报告中提到的"努力让每个孩子都能享有公平而有质量的教育"，是新时代中国教育的新特征和新任务，站在新的历史高点理解新时代的新教育，必须从概念出发，对公平而有质量的基础教育有着充分而全面的理解。

（一）教育公平：提供机会与满足需求

当前，在教育公平的认识上，至少已经形成三点共识：第一，教育公平是指向人的一种公平，期待所有的孩子在教育场域中（主要是学校）都能够享有基本相等的受教育权利，并且可以接受质量基本相同的教育关照。第二，教育公平是对于受教育者而言的，主要包含受教育者的受教育权利的平等与教育机会均等。第三，教育公平并不否认或者忽视人与人之间生理层面和社会层面的差异，实现教育公平意味着实现一种适合受教育者个性差异的教育。这决定了理解并实现教育公平，需要在"供给"层面提供平等机会的基础上，转向对满足个体"需求"的关注。

当今世界教育公平的发展也存在两条推进路向：一条是在横向意义上延伸教育公平的广度——主要是不断延展教育的覆盖面，扩

大教育的受众群体,将有限的教育资源惠及更多的需要接受教育的受教育者,强调各级各类的教育要普及到社会中尚待关注的各种"边缘"群体,直至实现真正意义上的全纳教育。另一条是在纵向意义上延伸教育公平的深度——主要是从关注教育起点公平的受教育者受教育机会的平等,转向对受教育过程中的教育方式方法、质量品质以及受教育者的公平感、满足感和获得感的关注,强调从受教育者的角度出发理解教育公平,满足受教育者内在的教育需求。

显然,在新时代,我国致力于建设公平的教育,首先不只是教育机会的提供,而是要基于"人民获得感、幸福感、安全感"的主观感受和"不断促进人的全面发展"的结果实现。一方面,体现为以人民为中心的教育发展观,确保社会中弱势群体平等接受教育的机会,力争不让任何一名适龄学生因贫困而辍学,加强对弱势受教育群体和家庭的教育帮扶与关爱;另一方面,具体到每位受教育者,无论是学校还是教师,要努力提倡并力争做到全面实施因材施教,让具有个性差异的学生接受个性化的学校教育,保证每一位学生个性化成长。这两方面是新时代对教育公平的基本要求,也是各层级、各学段、各个领域教育工作者为实现教育公平而努力的重要方向。

为此,实现教育公平需要面向全体学生,发展每个学生的全面素质包括认知能力、情感能力和国际理解能力的提升等,同时又要关注并促进每个学生的个性发展,这就要求科学把握学生的天赋特征、生理和心理发展特征以及生活现实背景等各种因素。站在新时代的历史舞台,要在确保弱势群体有公平接受教育机会的同时,追求更高水平、高品质的教育公平，力争为不同学生提供个性化教育，促进每一名学生的个性化成长，从而使学生能够学有所得、学有所获。

（二）教育质量：立德树人与全面发展

在新时代，有质量的教育需要具有中国特色，体现中国要求，展现中国思想。习近平总书记在党的十九大报告中指出，"要全面贯彻党的教育方针，落实立德树人根本任务，发展素质教育，推进教育公平，培养德智体美全面发展的社会主义建设者和接班人"。因此，教育质量需要体现在立德树人根本任务的落实上，体现在尊重教育规律上；教育质量需要立足于把握学生特定成长阶段的心理和生理特性，立足于把教育工作的着眼点放在创新人才培养上，立足于从小培养学生的学习兴趣、探究兴趣、合作意识、创新能力、思辨能力以及问题解决能力等。

显而易见，理解教育质量必须紧紧围绕习近平总书记曾提出的"培养什么人"、"如何培养人"和"为谁培养人"的根本问题而展开，必须把培育和践行社会主义核心价值观作为理解并提升教育质量的核心、主线与任务。进一步讲，中国的教育质量必须体现出"爱国、敬业、诚信、友善"的个人道德品德养成，"自由、平等、公正、法治"的集体道德精神培育，进而实现"富强、民主、文明、和谐"的"中华民族伟大复兴"的国家崛起。这是具有中国特色的教育质量观，也是面向新时代理解教育质量的题中要义。同时，教育质量需要在创新、协调、绿色、开放、共享发展理念指导下实现。五大发展理念不仅是衡量教育质量的一种维度、一种标准，事实上也是确保教育质量的基础和前提。

当前，社会上对教育质量认识存在诸多误区。比如，把高质量的基础教育单纯地等同于能够提高学生升学率的学校教育，把学生的考试成绩与分数等同于教育质量，等等。很显然，这些看法都不正确。中国社会中应试教育根深蒂固，在短时期内难以更改和消失。应试教育是为了升学的需要，但真正的教育是面向个体全面发展和终身发展；在当今高等教育由大众化向普及化迈进的过程中，选拔的教育必将让位于选择的教育，学习者个体将成为教育的中心，而不是被选择者。为此，需要以新的教育质量观，理性地审视当前基础教育领域中的问题及其"短板"。

联合国教科文组织曾指出，在世界范围内衡量教育质量有两项重要的参照因素：一是在外显性层面，以学习者为中心，确保每一个学习者的认知能力都能在受教育过程中得到发展，解决问题的能力在受教育过程中得到培养。二是在内隐性层面，强调教育促进学习者的创造力和情感的发展，帮助他们树立负责任公民应有的价值观和处世态度，从而具备在社会中立足、生存和发展的思维、情感和认识论基础。无疑，这是理解教育质量需要重点关注的。

所以，真正高质量的教育，尤其是基础教育，关键在于帮助学习者个体找到适合其自身的教育，使处在未成熟期的学生，经过教育和指导更加认识自我和外部世界，建立个人的愿景与目标，找到适合自己的学习路径，建构独特的思维模式，养成良好的习惯并且养成理性的人生观、世界观和价值观。简言之，理解教育质量要从片面追求升学率转向对于人的全面发展和素质教育的关注，衡量基础教育质量的高低需要基于学校教育给予个体的必备学习的获得、全面发展的奠基、终身发展的支持以及生活成长的愉悦体验。

（三）基础教育：公平与质量的统一体

当代中国教育的发展水平已经跻身世界中上等行列，具体表现为，我国义务教育普及成果得到巩固、高中阶段教育基本普及和高等教育向大众化迈进的结果。但是，必须清醒地认识到，这种结果在很大程度上是依据数量与规模。如果对照"人民群众日益增长的美好生活需要"与当前教育"不平衡不充分的发展"的现状，建设公平而有质量的教育之路中还有诸多问题和挑战。因此，不能满足于已经取得的成就，而更应该意识到新时代面临的挑战与任务。只有实现了公平而有质量的中国教育，才能使中国教育现代化，并具有国际影响力。

当前我国基础教育已经高水平普及，教育公平也取得显著进展，即教育公平已经超越了早先入学机会的平等，并且凸显出教育质量与教育公平之间互为统一的特征，即基础教育领域中，教育公平成为教育质量的一个方面；而教育质量同样是教育公平的一种要素。"公平而有质量的教育"是当前我国基础教育发展的新取向。无论是促进教育公平还是提高教育质量，都需要兼顾两者在各自领域的发展以及彼此间的交融与共存共生。基础教育阶段的教育公平和教育质量，都旨在最终提高全民族素养，建构以学习者为中心和促进学习者发展的教育体系，激发学生的求知欲，满足不同学生个性化的学习需要。这决定了在基础教育阶段通过扩大教育规模来保障教育机会的同时，必须切实提高教育质量和满足人民群众教育愿望的实现。只有这样，才能建成人民满意的教育，才能建好既体现教育公平，又保证教育质量的基础教育，而这才是教育公平和教育质量的时代体现。

总之，基础教育阶段的教育公平与教育质量是一对共存共生的教育范畴，质量和公平密不可分，提升基础教育质量的过程其实蕴含了推进教育公平，同样，推进基础教育阶段教育公平的过程其实也蕴含提升教育质量，二者相辅相成。基础教育阶段教育公平与教育质量具有内在的统一性，教育公平和教育质量相互促进、相互制约，实现教育公平离不开对于教育质量维度的考量，提高教育质量同样也离不开对教育公平的关注，对教育质量的追求不能以牺牲教育公平为代价，牺牲教育质量为代价换来的教育公平并非真正的教育公平，更不可能保证真正的教育质量。

二、教师是公平而有质量的基础教育之关键

百年大计，教育为本；教育大计，教师为本。教师是国家教育改革与发展的关键性要素，是教育改革与发展的参与者、实践者和创造者。教师为本，不仅只是教育发展的理念，还需要成为教育行

动的实践。教师为本需要全面体现在国家教育改革和发展的各项制度设计和实践之中。2018 年年初，中共中央国务院颁发了"关于全面深化新时代教师队伍建设改革的意见"，充分展示了党和国家对教师的重视。为此，在全面深化教育改革的过程中，在推进教育公平和提升教育质量的实践中，必须意识到广大教师的重要性和不可或缺性，重视和尊重教师在教育改革与发展的参与和价值，切实将师道尊严落到实处，在宏观的教师队伍建设与微观的教师发展行动中，都发挥教师职业的特点，使广大教师成为教育实践中实现公平而有质量基础教育的重要力量。

（一）必须高度重视教师在教育发展中的作用

早在 2013 年教师节，习近平总书记向全国广大教师致慰问信中指出，"长期以来，我国广大教师认真贯彻党的教育方针，默默耕耘、无私奉献，用爱心、知识、智慧点亮学生心灵，培养了一批又一批优秀人才，为我国教育事业发展、为国家发展和民族振兴做出了突出贡献"。"百年大计，教育为本。教师是立教之本、兴教之源，承担着让每个孩子健康成长、办好人民满意教育的重任"。

2014 年 9 月 9 日教师节前夕，习近平总书记接见了参加全国教师节大会的代表。之后，习近平总书记考察了北京师范大学，并与师生代表座谈，强调要"做党和人民满意的好老师"。其间，习近平总书记引用了邓小平同志的讲话："一个学校能不能为社会主义建设培养合格的人才，培养德智体全面发展、有社会主义觉悟的有文化的劳动者，关键在教师"。习近平总书记指出，"教师的工作是塑造灵魂、塑造生命、塑造人的工作"，"国家繁荣、民族振兴、教育发展，需要我们大力培养造就一支师德高尚、业务精湛、结构合理、充满活力的高素质专业化教师队伍，需要涌现一大批好老师"。与此同时，习近平总书记再次强调说，"百年大计，教育为本。教育大计，教师为本。努力培养造就一大批一流教师，不断提高教师队伍整体素质，是当前和今后一段时间我国教育事业发展的紧迫任务"。"各级党委和政府要从战略高度来认识教师工作的极端重要性，把加强教师队伍建设作为基础工作来抓，满腔热情关心教师，改善教师待遇，关心教师健康，维护教师权益，充分信任、紧紧依靠广大教师，支持优秀人才长期从教、终身从教，使教师成为最受社会尊重的职业"。

2016 年 9 月，习近平总书记在北京市八一学校考察时指出，"一个人遇到好老师是人生的幸运，一个学校拥有好老师是学校的光荣，一个民族源源不断涌现出一批又一批好老师则是民族的希望"。自古以来，中华民族就有尊师重教、崇智尚学的优良传统。党和国家事业发展需要一支宏大的师德高尚、业务精湛、结构合理、充满活力的高素质专业化教师队伍，需要一大批好老师。长期以来，广大教师为教育事业付出了辛劳、奉献了力量、贡献了才智，要在广大教师中、在全社会大力宣传和弘扬优秀教师的先进事迹和高尚品德。希望广大教师认清肩负的使命和责任，教育和引导学生热爱祖国、热爱人民、热爱中国共产党，教育和引导学生心中要有国家和民族、意识到肩负的责任，牢固树立为祖国服务、为人民服务的意识，立志成为党和人民需要的人才。各级党委和政府要满腔热情关心教师，让广大教师安心从教、热心从教、舒心从教、静心从教，让广大教师在岗位上有幸福感、事业上有成就感、社会上有荣誉感，让教师成为让人羡慕的职业。

习近平总书记的上述论述，充分显示了教师在教育改革与发展中的重要性和必要性。建设公平而有质量的新时代中国基础教育，就必须将教师放在关键而又重要的位置上，使广大教师成为国家教育改革与发展的重要参与者，成为教育实践探索与创新的行动者。所以，在促进教育公平、提高教育质量过程中，教师队伍建设与改革至关重要的作用日益彰显。建设公平而有质量的基础教育，需要认真按照习近平总书记提出的"让教师成为让人羡慕的职业"要求，重视和加强教师队伍建设与改革工作。进一步讲，要以激发广大教师在教育改革与发展中的参与、创新、创造和贡献为驱动，使一线教师群体有职业获得感和事业成就感的同时，规划基础教育阶段的教育改革，必须体现出"教师参与"特点，以教师参与获得职业成长、专业成功、事业成就为基础，建立不断增强教师工作主动性与创造性的中国教师制度。

（二）将师德作为教师队伍建设改革的核心

党的十九大报告指出，"建设教育强国是中华民族伟大复兴的基础工程，必须把教育事业放在优先位置，深化教育改革，加快教育现代化，办好人民满意的教育。要全面贯彻党的教育方针，落实立德树人根本任务，发展素质教育，推进教育公平，培养德智体美全面发展的社会主义建设者和接班人"。为此，报告中提出"加强师德师风建设，培养高素质教师队伍"的要求。

确实，立德树人根本任务的全面贯彻，离不开教师的参与，而教师自身的道德品质、职业修养和专业能力等方面的因素直接关联着教师教育教学工作的结果和成效。正如上面已经提及的，习近平总书记多次强调了教师师德高尚的重要性和必要性。教书育人是当代中国教师的神圣使命，育人是立德树人的本质要求。培育和践行社会主义核心价值观，是学校一切教育工作的中心任务；教师不仅是传播社会主义核心价值观的宣传者和教育者，更是社会主义核心价值观的践行者和示范者。在培育和践行社会主义核心价值观的伟大实践中，如果没有广大教师的参与和贡献，没有教师的"学高为师"与"身正为范"，完成这一任务显然是不可能的。

在当前社会转型发展的背景下，还存在诸多各种商业化的功利主义现象与问题，诸多的外部诱惑对一些教师产生了不良的影响。一旦教师的师德出现问题，那么实现公平而有质量的教育就成为"空中楼阁"。为此，需要通过有效的师德教育，帮助每个教师树立正确的教师职业道德观和伦理观，以高尚的师德投入到教育教学工作实践之中，投入到教书育人的教育实践中，成为公平而有质量的重要实践者。

鉴于此，建设一支高质量的教师队伍，"做党和人民满意的好教师"，不能脱离师德师风；必须把师德师风建设作为贯穿落实立德树人根本任务和办公平而有质量的教育等系列战略任务、重要内容和关键支点，在教师队伍建设改革贯彻中，以师德师风为核心，实行教师资格、教师考核、教师奖励的"一票否决"。与此同时，师德不仅是教育教学的需要，事实上也是教师获得社会地位、获得全社会尊重的关键要素，师德教育要成为新教师职前培养与在职教师培训的核心内容；将以德立身、以德立学、以德施教，作为每个教师成长与发展的重要依据，围绕师德建立教师队伍遴选和淘汰机制，出台相应的激励机制，清理师德不合格的教师，而且要在各方面大力宣传和弘扬师德楷模，发挥这些优秀教师的示范引领作用。

（三）实现教育的公平需要教师的以身示范

当前我国已经实现了基础教育的高水平普及，基础教育的公平已经从入学机会的均等，转向了学习过程的机会公平与学习结果的质量保证。很显然，这种学校内的教育公平、课堂中的教育公平，在很大程度上与教师的教育思想与教育行为有关。

习近平总书记提出的好教师"四有"标准，是建设公平而有质量基础教育的重要基础，也应该成为当代中国教师队伍建设改革的方向。在当前社会日益多元的背景下，教师面对的学生群体呈现各种不同的情况。但是，无论学生群众及其个体发生什么变化，教师都必须以自身的"理想信念"引领每个学生，不能对任何一个学生失去信心；要以高尚的"道德情操"为每个学生提供示范，使学生感受到榜样的力量；教师要以"仁爱之心"温暖每个学生，要以爱感化每个学生，促使每个学生具有信心和力量；当然，教师更需要以"扎实学识"教导每个学生，而不应过多考虑学生的学习基础、家庭背景或者教育期望等外在因素。

进一步讲，面向全体学生，让每个学生都有适合于他们个人的学习期待、学习要求、学习行为与学习表现，是教师在教育教学实践中体现教育公平的重要表现。这些都需要体现在广大教师的实践工作之中；而只有这种教育教学实践过程中的教育公平，才能真正实现促进每个学生发展的结果公平。这里有必要再引用一下习近平总书记 2016 年在北京八一中学考察时提出的要求："广大教师要做学生锤炼品格的引路人，做学生学习知识的引路人，做学生创新思维的引路人，做学生奉献祖国的引路人。"所以，在推进教育公平中，要调动并激发每个教师的参与、创新、创造和贡献，并使他们有获得感和成就感。与此同时，需要用更多正面而积极的事例，在全社会宣传广大教师在推进教育公平与促进教育发展中的作用和贡献。毋庸讳言，基础教育阶段唯有教师对待学生的公平，才有可能保证真正的教育质量。

三、学校是公平而有质量的基础教育之体现

学校是承担基础教育任务的阵地，是教书育人和立德树人的重要场所，履行国家教育方针政策，为国家培养合格人才。新时代建设公平而有质量的基础教育，需要每所学校坚持正确的教育导向，

建立适合于每个个体的教育与学习体系，提供更加丰富而多元的课程与教学，实现学生的个别化学习和个性化培养。每所学校也需要认真对待每个学生的要求和愿望，努力改变当前千校一面、千人一面的教育教学现象，力争从理念到行动，使学校在建设公平而有质量的基础教育中有所作为和大有所为。

（一）全面贯彻落实立德树人根本任务

立德树人是习近平总书记系列讲话精神中的核心思想之一，是新时代中国教育改革与发展的根本任务，也是中国教育公平的起点与基础，更是体现并实现教育质量的保证。这在基础教育领域也不例外。

2014 年，习近平总书记先后发表"青年要自觉践行社会主义核心价值观"，"从小积极培育和践行社会主义核心价值观"以及"做党和人民满意的好教师"等重要讲话；2016 年 12 月，习近平总书记在全国高校思想政治工作上再次提出了"培养什么样的人"、"如何培养人"以及"为谁培养人"这个根本问题，强调要坚持把立德树人作为中心环节，并将其贯穿教育教学全过程，实现全程育人、全方位育人。学校需要把这种教育方针和要求落实到具体的教育教学改革与实践过程中，通过具体化和系统化的措施和行动，转化为学生应该具备的、教师可以理解接受的、学校可以遵照践行的实践方案和教育教学设计，贯穿到各学段、融合到各学科、体现在每节课时之中，最后体现在学生成长与发展上。

当前每所中小学校都要以立德树人的要求作为建设公平而有质量教育的前提，无论是学校规划与设计，还是学校改革与发展实践，或是学校课程与教学之中，都需要紧紧围绕习近平总书记提出的"培养什么人"、"如何培养人"和"为谁培养人"的根本问题而展开；必须牢牢围绕立德树人的宗旨，聚焦贯彻落实培育和践行社会主义核心价值观，以服务于国家发展和人民发展，全方面开展教育教学实践行动；促使立德树人的要求成为学校办学的理念与精神追求，成为学校教育教学与管理的自觉行动，由此培养社会主义事业的建设者和接班人，体现出公平而有质量教育的结果。

（二）创造服务学生发展的多样化办学

基础教育是整个国家教育体系中的一个重要环节，我国的基础教育包括义务教育和高中阶段教育。义务教育是我国统一实施的强制教育，义务教育学校改革与发展往往需要体现国家统一颁布的要求和规定。相比于义务教育学校，我国高中阶段教育学校尤其是普通高中学校，在改革与发展上需要更多的创新性和多样性。但无论是义务教育学校还是普通高中学校，在改革与发展上面临着一些相应的困境与挑战。最典型的就是如何摆脱"应试教育"的束缚和枷锁。片面强调升学为导向的应试教育，导致整个基础教育学校在面向全体学生和培养学生全面发展、终身发展和个性发展方面遇到障碍和面临挑战。升学当然是学生发展的一个方向，但是，升学并不是整个基础教育阶段学校的唯一任务。正如前文所述，立德树人才是教育的根本任务，公平而有质量的教育，旨在培养社会主义事业的建设者和接班人。因此，基础教育学校的改革与发展必须突破应试教育的思维，必须改变单纯为高等教育输送"优秀"人才的概念；需要回到以学生为中心的立场，需要以促进每个学生的发展为核心，建构具有自身内在逻辑的改革思维和发展道路。

具体来讲，基础教育学校改革必须从自身教育学段的特点出发，由应对高考转为育人生态建设。高考不是义务教育学校与高中阶段学校工作的全部，甚至也不是核心，全面提高学生的综合素质，才是国家教育改革与发展对基础教育学校提出的要求；综合素养评价已经成为全面深化考试招生制度改革中的内容之一。为此，基础教育学校首先必须明确办学方向，把面向每个学生和促进每个学生发展作为学校教育的任务，切实改变应试教育的实践与影响。要以满足学生选择界定多样化，推动学校办学的丰富性和多样化。

多样化办学包括了学校办学思想的开放性、教育教学模式的丰富性、学生成长发展的多路径等；多样化政策应该更多体现在鼓励学校的创新探索，体现在满足全体学生选择和学生获得最合适的教育服务和支持上。多样化办学旨在改变以往千校一面的状况，多样化办学效果的检验，将来自学生的选择与社会的评价，而不只是学校的自我标榜、外部专家的集中评审与行政部门的授牌认可。在多样化的办学过程中，每个学校更需要努力创造和建设丰富的课程体系和学习活动，通过学习内容的丰富性，为每个学生提供更多的选择。无论怎样，多样化办学必须立足于学生发展与学生选择，从如何实现教育创新促进全体学生全面发展的高度，培养更多更好的合格人才、创新人才与优秀人才。

总之，实现公平而有质量的基础教育的着力点应放在学校教育办学改革层面，让学生在学校教育中学有所得、学有所获，受教育过程中养成正确的世界观、人生观和价值观，并且使其在适合自身个性发展的教育体系中接受多样化的学校教育，必须成为当前教育改革关注的重要议题。当然，这也是实现公平而有质量的基础教育的关键。

（三）建立以学生为中心的基础教育学校

建设公平而有质量的基础教育学校，就必须体现出以人民为中心的思想，体现出以学生为中心的教育要求。在本质上，这也就是建立适合于每个个体的教育与学习体系的学校。

在当下社会经济日益发达、教育资源日益丰富、高等教育即将迈向大众化的新时代，不仅社会与个体对教育的认知在发生变化，而且教育为个体提供的支持与服务也在发生变化。只有建立适合于每个个体的教育，才能实现人人成才，才能使"每个人都有人生出彩的机会"。这才是教育公平的结果体现，也是衡量教育质量的重要标准。因此，办好每一所学校，必须成为教育改革与发展的重要内容。基于当今我国基础教育发展不平衡、不充分的现实，眼下基础教育学校改革的当务之急是，使每所学校都以学生为中心、为导向，用办好每所学校替代以往重点学校建设制度，全面贯彻落实最近《国务院关于深化教育体制机制改革的意见》，建构具有活力的中国特色现代基础教育体系。

　　建立以学生为中心的基础教育学校，要以优质教育的思想要求每所学校，不能盲目地以学校办学条件的更新与提升为优质教育的主要指标，也不能以简单的升学率为唯一依据；优质教育应该以是否能让每个青少年学生健康成长和全面发展为评价依据，以是否能够"培养德智体美全面发展的社会主义建设者和接班人"为判断标准。当前基础教育领域普遍存在择校现象，这在本质上是当前学校发展不充分、不平衡的表现，影响着建设公平而有质量基础教育的实现。彻底解决这个问题的关键，就是建设好每所学校，使每个学生成为学校的中心，在学校中存在和参与的表现、获得尊重和关爱的感受。唯有每所基础教育学校实现了公平而有质量的教育，体现出关注到每个学生的存在、引导好每个学生的学习、促进了每个学生的发展。只有当这种以学生为中心的学校出现，社会上的盲目择校现象才会消失。

　　同时，建立以学生为中心的基础教育学校，可从学校课程建设中入手，尤其是校本课程建设。校本课程建设赋予学校在培养学生创新精神和实践能力上极大的责任和自主权，是一项个性化的课改工作，体现了学校对每一位学生个性化需要的关注，并且力争提高学校教育的质量和品质。当代中国基础教育阶段的校本课程建设"百花齐放"，强化学校内部的校本课程建设是实现公平而有质量的基础教育中不可或缺的一环。具体讲来，实现公平而有质量的基础教育，为学生提供丰富而又切合个体需要的校本课程需要做到以下三个方面：一是以生为本，突出学校育人特色。校本课程建设要基于学生自身发展的现实需要，充分挖掘学校周边自然、社会和人文资源（环境），将其融入校本课程的教材、课堂教学以及课外实践活动之中，立足地方实际迎合学生学习兴趣和认知需求，进而突出学校的育人特色。二是课程走进生活，符合学生生活实际。学校内部的课程建设理应从学生生活中取材，使学生便于利用已有的经验进行探究性学习，进而体现出校本课程发展学生自主性、灵活性的主导思想，力争实现让学生在探究中学习，在探究中锻炼，在探究中成长，在探究中接受公平而有质量的教育。三是关怀学生成长，制定多元的评价标准。校本课程更多的是一种活动性课程，尊重和体现学生的个体差异，关注每一学生个体真实的学校处境和教育需要，意在激发学生的主体意识和精神，以促使每一个学生最大可能地实现自身价值。

四、政府是公平而有质量的基础教育之保障

毫无疑问，建设公平而又有质量的基础教育，需要有充分而又系统的政策保障。不仅需要破除现有各种不利于公平而有质量的基础教育实现的障碍，而且还要建构充满活力的教育体系和管理制度。在实现公平而有质量的基础教育进程中，政府有效的顶层设计必不可少，政府行之有效的管理至关重要。总之，在建设公平而有质量的基础教育过程中，政府必须发挥保障作用。这种保障作用的发挥，必须要有正确的思想理念做引领，必须要有创新的体制机制

作为支撑，还要将普及高中阶段教育作为重中之重。

（一）始终坚持人民为中心的发展思想

坚持人民为中心的思想，是习近平新时代中国特色社会主义思想的核心内容之一，是持续推进教育公平与全面提高教育质量的重要思想基础。正如上文所述，面向新时代实现教育公平和教育质量的双重发展，不只是教育机会的供给，更是基于"人民获得感、幸福感、安全感"的主观感受和"不断促进人的全面发展"的结果实现，以实质性教育公平的实现来保证教育质量的提高。

基础教育是面向全体国民的教育，满足这些学习者的需求，是基础教育改革与发展的重要使命，是坚持以人民为中心思想的表现。在当前社会经济转型发展的时期，每个个体对教育的认识、理解与要求是不一样的，个体之间在发展潜能上的差异和差距也是巨大的，由此产生对学习、教育和学校的期待也是不尽相同的。当前，社会上存在盲目择校、学校教育片面追求升学率、学校办学雷同化以及校外辅导产业发展无序化等现象与问题，它们实质上就是新时代我国社会矛盾在教育领域中的表现。作为基础教育的主要提供者，政府必须回应人民对教育与学校的这些诉求和期盼。但是，必须注意到人民群众的不同认识、不同要求和不同选择的差异，政府在扩大教育规模、保障教育机会的同时，必须切实提高教育质量，实现人民群众对教育的种种愿望。唯其如此，才能真正建成有公平、有质量的基础教育，满足人民对公平而有质量基础教育的迫切需要。

坚持以人民为中心的思想，要求政府在建构现代基础教育治理体系过程中，注重发挥人民的参与积极性，贯穿人民当家作主的思想。要动员和组织各方力量参与基础教育的改革与实践，要将人民对基础教育满意度作为衡量基础教育发展的重要指标之一。政府行政部门要与社会各界各方共同担当对基础教育与广大中小学校的评价权与监督权，要用多元参与的社会力量，支持和保障基础教育及其学校的发展与改革。坚持以人民为中心的思想，也要求政府充分发挥广大教师在基础教育改革与发展中的作用，要以激发广大教师的主动性积极性创造性为前提而建设现代教师制度，要以教师的创造、贡献和奉献来建设公平而有质量的基础教育。

除此之外，坚持以人民为中心的发展思想还必须认识到，基础教育改革需要从国家社会经济建设与发展的大局出发，以"中国特色社会主义道路自信、理论自信、制度自信、文化自信"为根基，立足于社会主义初级阶段的基本国情，面向当前国家发展、社会发展需求与人民发展的三大需求，规划出具有中国特色的社会主义基础教育体系。因此，要以"四个自信"引领基础教育的政策制定，在传承中国教育优秀教育传统的同时，主动学习和借鉴国际教育发展先进思想和经验，但决不能简单照搬西方的教育观念与模式，要使中国人民有真切的获得感，更多体现并增进人民福祉。更重要的是，中国的基础教育要体现新时代的中国特色。

（二）加速推进基础教育体制制度创新

当前，我国基础教育改革与发展实践中，还存在诸多人民不满意的地方。比如，学生课业负担过重，应试教育方式仍然普遍存在，教师待遇和地位有待提高，教育公平需要进一步提升，教育质量尚有提高空间，等等。解决这些问题，必须以制度创新为驱动，建立具有中国特色的教育治理体系。2017 年 9 月，中共中央国务院转发了《关于深化教育体制机制改革的意见》。该《意见》提出的改革目标是，"到 2020 年，教育基础性制度体系基本建立，形成充满活力、富有效率、更加开放、有利于科学发展的教育体制机制，人民群众关心的教育热点难点问题进一步缓解，政府依法宏观管理、学校依法自主办学、社会有序参与、各方合力推进的格局更加完善，为发展具有中国特色、世界水平的现代教育提供制度支撑"。为此，各级各地政府需要按照中央提出的要求，切实推进教育领域的体制机制改革，加快教育现代化，办出人民满意的教育。

与此同时，政府也需要不断修改和完善现有的教育法律法规。例如，需要制定更有利于教育管理制度和教育经费供给制度，保障教育现代化投入，保障教育领域依法治教，促进教育领域综合改革和深化改革。政府需要考虑建立有助于在教育领域运用信息通讯技术和大数据技术等的机制，鼓励学校和教师在实践中的创新与变革，推进学校改变传统的教与学的模式，确保以学生为中心教育的实现。

当然，政府还需要有新的制度调动全社会的力量与资源来共同关心和支持教育，建立学校与社会、家庭紧密合作的伙伴关系，提高教育发展的社会合力体系；政府也需要有效的机制促进和加强教师和教育行政人员的能力建设，激发出每个教师和管理者的主动性、积极性、创造性。当然也要建立政策制定与实施的追踪与问责制度，推进科学、公开而透明的政策决策体系建设。总之，只有不断进行制度创新，进行体制机制的创新，才能促进基础教育公平有质量地发展。

（三）打好高中阶段教育普及攻坚战

尽管 2017 年我国高中阶段毛入学率达到 87.5%，但是高中阶段教育与公平而有质量的基础教育目标之间还有诸多的差距。当前，必须充分认识普及高中阶段教育的特殊性，加快普及高中阶段教育，打好高中阶段教育普及攻坚战。

普及高中阶段教育并不是简单地完成普及九年义务教育之后的自然延续。高中阶段教育是学生个性形成、自主发展的关键时期，高中适龄学生已经具有比较明确的自主意识、自我要求和自身特点。普及高中阶段教育，正是为了满足个体的教育和学习需求与愿望，给个体获得选择更多教育的机会，是"让每个人都有人生出彩的机会"的重要保障。高水平普及高中阶段教育，是国家教育现代化和全面建成小康社会的标志，是国家教育发展迈入世界先进水平行列的标志。只有这样，才能使高中阶段教育体现公平而有质量的特征。具体来讲，普及高中阶段教育需要从三个方面进行改革：

首先，需要优先关注不利地区与困难人群。要把普及高中阶段教育作为人民共享国家发展成果的结果。中央政府必须为中西部贫困地区提供普及高中阶段教育各种援助，而且东部发达地区也应该提供支持，尤其是智力支持，必须使全国各地普及高中阶段教育具有比较充分的质量保障。普及高中教育需要探索区域特色与地方模式，将"高质量"、"多元化"、"可选择"作为普及高中阶段教育的重要考量标准，从而促进普通教育与职业教育的协调发展和共同发展。

其次，必须关注高中阶段学生学习的需求与愿望。当前，人民群众对接受高中阶段教育有着自身的认识和理解，其中有些是正确的、合理的，有些可能是不合适的、片面的；但无论怎样，简单地拒绝人民的选择，采用人为的、行政的干预方式而把适龄青少年吸收到高中之中，并不合适。需要把人民的选择作为普及高中教育出发点，把高质量、多元化、可选择作为普及高中阶段教育的重要考量要素。需要正视的是，当前影响初中毕业生进入高中的重要因素可能不再是经济困难，而是学习困难，即在应试教育的压力下，一部分初中学生缺少进入高中学习的动力。加快普及高中阶段教育，需要在义务教育阶段更加注重培养全体学生的学习追求、学习动力、学习期待和学习获得感，使他们向往高中教育、愿意接受高中教育和能够融入高中教育；同样，高中教育也必须使每个高中学生有获得感和成就感，而不是面临被忽视与被淘汰的现实打击。在加快普及高中阶段教育的过程中，还需要促进教育教学思想的重塑和教育教学方式的改进。

最后，要将全面提高高中学生综合素质和实现学校多样化发展结合在一起，以高中阶段教育的高质量，吸引适龄青少年主动入学，实现高中阶段教育的普及目标。与此同时，需要以供给侧改革的思路，优化普职结构，建构合理的课程体系及其内容，提升学校管理及其教学水平，保障经费的有效供给，确保高中阶段教育的公平而有质量的普及与发展。当前我国普及高中阶段教育进入攻坚阶段，打好普及攻坚战不仅需要紧紧瞄准困难地区和特殊群体，提高困难地区普及水平，扩大特殊人群接受高中阶段教育的机会，促进教育公平的提升。同时，还要积极创新高中育人模式，不断深化课程和教学改革，努力推动高中教育多样化特色发展，促进高中学生综合素质的全面提升。

总之，实现公平而有质量的基础教育只有进行时，没有完成时，需要不断地探索前行，这也正是中国教育现代化发展的方向之一。

第四章　全面推进新时代高等教育内涵式发展

　　党的十九大做出了一个重大战略论断，即中国特色社会主义进入了新时代，我国社会主要矛盾已经转化为人民日益增长的美好生活需要和不平衡不充分的发展之间的矛盾。这是关系全局的历史性论断，对党和国家的各方面工作都提出了新要求。教育是国之大计，是重大民生，科教兴国是基本国策。党和国家高度重视教育问题，将之置于很高的战略地位，对教育和高等教育寄予了前所未有的厚望。习近平总书记多次强调，教育兴则国家兴，教育强则国家强。高等教育是一个国家发展水平和发展潜力的重要标志。党和国家事业发展对高等教育的需要，对科学知识和优秀人才的需要，比以往任何时候都更为迫切。对高等教育的重要性，对高等教育之于国家发展、民族振兴重要作用的论述更是提高到前所未有的高度。这是高等教育工作者的使命和光荣，也是巨大压力和责任。改革开放 40 年来，我国的教育事业取得了辉煌的成就，教育总体水平已经进入世界中上行列，教育质量明显提高，教育发展条件有了历史性改变，教育国际影响力明显增强，教育改革全面深化。我国高等教育办学规模和年毕业人数已居世界首位，成为名副其实的世界第一大国，然而，还不是世界高等教育强国，规模扩张并不意味着质量的提高和效益的增长，走内涵式发展道路是我国高等教育发展的必由之路。

一、新时代赋予高等教育发展的新内涵

新时代给高等教育发展提出了很多新的要求。党的十九大报告明确提出："加快一流大学和一流学科建设，实现高等教育内涵式发展"的战略目标任务。2018 年政府工作报告又提出，"发展公平而有质量的教育"，特别强调，"以经济社会发展需要为导向，优化高等教育结构，加快'双一流'建设，支持中西部建设有特色、高水平的大学"。这是新时代高等教育发展新的动员令，是高等教育最紧迫的战略任务。

众所周知，经过 40 年的改革开放和现代化建设，我国高等教育发展取得了举世瞩目的伟大成就。据统计，1978 年全国普通高校在校生总人数仅为 856322 人，毕业生人数为 164581 人，招生人数为 401521 人。改革开放 40 年不仅是国泰民安、经济腾飞的时代，也是前所未有的高等教育持续健康发展的时代。到 2016 年，全国普通高校本专科共招生 748.61 万人，在校生人数达到 2695.84 万人，毕业生 704.18 万人；另外，研究生招生 66.71 万人，其中，博士生招生 7.73 万人，硕士生招生 58.98 万人；在学研究生达到 198.11 万人，其中，在学博士生 34.2 万人，在学硕士生 163.90 万人；毕业研究生 56.39 万人，其中，毕业博士生 5.5 万人，毕业硕士生 50.89 万人。如果再加上其他形式的高等教育，全国各类高等教育在学总规模达到 3699 万人，高等教育毛入学率达到 42.7%。

我国高等教育发展整体上已经达到了世界中等偏上水平，即将迈入普及化时代，成为高等教育普及化国家第一大国。在前一个时期，我国高等教育发展主要是解决数量增长的问题，与此同时，在质量上尽可能缩小与发达国家之间的差距，也就是说接下来主要进入提高质量、内涵式发展的阶段。高等教育内涵发展是一项长期的战略选择，比起数量的增长和规模的扩展，更加任重而道远。因此，如何把握好新时代赋予高等教育发展的新机遇，抓住国家"双一流"建设等举措，加快推进高等教育内涵式发展，是重要而迫切的战略任务。

（一）和民族复兴同心同德

同心同德，指思想统一，信念一致，为同一目标而努力。实现中华民族伟大复兴是所有中华儿女共同的梦。党的十九大报告所确定的，举什么旗、走什么路、以什么样的精神状态、担负什么样的历史使命、实现什么样的奋斗目标，不但是全党、全国人民共同的行动纲领，更是扎根于中国大地的高等教育发展的行动指南。

习近平总书记在北京大学师生座谈会上指出，党和国家事业发展对高等教育的需要，对科学知识和优秀人才的需要，比以往任何时候都更为迫切。教育兴则国家兴，教育强则国家强。中国特色社会主义进入了新时代，新的历史方位决定了高等教育新的历史使命。高等教育必须立足"培养什么样的人、如何培养人以及为谁培养人"这个根本问题，树立新的价值坐标，实现新的作为，坚持与新时代同向同行，必须坚持办学正确政治方向。

习近平总书记深刻指出，我们的高校是党领导下的高校，是中国特色社会主义高校。扎根中国大地办大学，高校必须始终坚持正确的政治方向不动摇，始终坚持党对高校工作的全面领导不动摇。要自觉把高等教育发展方向同我国发展的现实目标和未来方向紧密联系在一起，自觉为人民服务，为中国共产党治国理政服务，为巩固和发展中国特色社会主义制度服务，为改革开放和社会主义现代化建设服务。高校要主动服务国家思想文化建设重大任务，传承中华优秀传统文化，弘扬民族精神和时代精神，积极吸收借鉴世界各国有益的理论观点和学术成果，不断推进知识创新、理论创新、方法创新，提升学术原创能力和水平，推动学术理论中国化，加快构建中国特色哲学社会科学体系。要坚持用中国理论阐释中国实践，用中国实践升华中国理论，为人类社会发展贡献中国方案，创新对外传播方式，增强国际话语权。

高等教育是新时代最重要的助力者、参与者、奉献者，唯有坚持价值信仰，不忘人类福祉，民族振兴，国家富强，才能够砥砺前行，唯有与实现民族复兴的"伟大梦"同心同德，大力培养社会主义建设者和接班人，才能使高等教育的基业由大到强，才不愧为新时代使命担当者。

（二）与国家战略同向同行

党的十九大报告提出，从 2020 年到本世纪中叶可以分为"两个阶段"来安排：第一阶段，从 2020 年到 2035 年，在全面建成小康社会的基础上，再奋斗十五年，基本实现社会主义现代化；第二阶段，从 2035 年到本世纪中叶，在基本实现现代化的基础上，再奋斗十五年，把我国建成富强民主文明和谐美丽的社会主义现代化强国。

在实现"两个一百年"奋斗目标的伟大征程中，党和国家关于高等教育发展相关战略规划与国家发展"三步走"战略大体对应。《国家中长期教育改革和发展规划纲要（2010—2020 年)》提出：到 2020 年，基本实现教育现代化，基本形成学习型社会，进入人力资源强国行列。有学者预测，根据现有发展态势，"教育发展规划纲要"提出的高等教育大众化发展目标提前实现，2018—2020 年之间我国高等教育毛入学率将突破 50%，进入普及化高等教育阶段。除规模考量外，在质量或水平的维度上，根据 2015 年国务院印发的《统筹推进世界一流大学和一流学科建设总体方案》提出的总体目标：到 2020 年，若干所大学和一批学科进入世界一流行列，若干学科进入世界一流学科前列；到 2030 年，更多的大学和学科进入世界一流行列，若干所大学进入世界一流大学前列，一批学科进入世界一流学科前列，高等教育整体实力显著提升；到本世纪中叶，一流大学和一流学科的数量和实力进入世界前列，基本建成高等教育强国。

（三）和经济社会发展同气同声

当前，中国正处在加快转变经济发展方式、推动产业转型升级的关键时期。"两个一百年"的奋斗目标、"五位一体"的总体布局和"四化同步"的发展路径，中国发展进程中的产业转型升级对人才培养和科技创新提出了前所未有的要求，建设一批"中国特色，世界一流"的高水平大学和学科，实现高等教育内涵式发展，为经济转型升级和国家民族振兴提供高层次人才和高水平科技支撑，成为中国高等教育最重要的历史使命和战略任务。

面对健康中国 2030、创新驱动发展等重大产业发展战略需要，面对西部开发、东北振兴、中部崛起、建设雄安新区、京津冀协同发展、长江经济带发展等重大区域发展战略需要，高校需要进一步研究如何更加主动支撑产业布局和区域经济转型升级，抢抓机遇，超前布局，主动服务国家战略需求，提高对区域发展的支撑和服务能力，优化高等教育学科专业结构。

（四）与高等教育发展同泽同袍

我国高等教育很快将进入普及化阶段。教育部高教司司长吴岩表示，高等教育今后应该实现内涵式发展，"高等教育不再是外延式发展，提高质量是高等教育发展的重点"。[1]

---

[1]　吴岩：《中国将在 2019 年实现高等教育普及化》，2017 年 11 月 9 日，见 https：//www.jiemodui.com/N/85933。

中国高等教育将发生四种变化：中国高等教育的地位和作用变了，从原有的国民经济社会发展的基础性作用，到支撑和引领中国经济社会发展。高等教育的发展阶段变了，乐观估计，中国将在 2019 年实现高等教育普及化，即高等教育毛入学率整体超过50%；类型结构变了，进入高等教育普及化后，高等教育的多样化非常重要；环境格局变了，中国教育应该在世界舞台发展，不仅是北大清华要在其中，地方大学包括新建院校也要进入这个格局中。

普及化高等教育发展将改变高等教育的形态，丰富高等教育的性质与内涵，提升高等教育的作用和辐射力。进入普及化阶段后，高等教育发展走向成熟，整体结构更加和谐，非传统生源将成为主要增长点，系统内部将更富有弹性，协同合作的外部关系将得到建立。

普及化高等教育需要高等教育与自身同泽同袍，更加强调高等教育的多样性，更加强调个人的发展。更多的自主性，要建立健全以高等教育组织机构自主办学为基础的制度架构。

（五）与国际高等教育发展同天同善

《礼记·大学》："大学之道，在明明德，在亲民，在止於至善。"止于至善，是很多大学的校训。郑玄注："止，犹自处也。"孔颖达疏："在止於至善者，言大学之道，在止处於至善之行。"陈澔集说："止者，必至於是而不迁之意。至善，则事理当然之极也。"历史的解释虽然表达有异，但基本精神是一致的，都是要通过教育、教化、道德修养而达到并保持人类最高的善。

我们的高等教育当然也要追求最高的善，那就是人类命运共同体的幸福。当前，世界面临各种重大的全球性问题。这些问题不仅错综复杂，种类繁多而且变化多端，难且棘手。比如人口问题、环境问题、资源问题、金融问题、政治问题、恐怖主义问题、核安全问题、能源安全问题、网络安全问题、粮食安全问题、毒品泛滥问题、移民（难民）潮问题、卫生问题、贫困问题等。要有效应对全球性问题的挑战，单靠一个国家的力量无法解决，需要人类结成共同的力量面对。

高等教育是高水平人才和科研成果汇聚高地，要树立世界眼光、密切人文交流，建立全球合作伙伴体系，主动服务国家对外开放重大需求，积极投身人类命运共同体建设，参与"一带一路"倡议实施，积极参与世界优质教育科研资源的开发与共享，培养具有全球胜任力的拔尖创新人才，推动全球性重大科技问题和治理问题研究的跨国合作，创造世界一流的研究成果，共同解决全球性重大挑战。

党的十八大以来，习近平总书记在众多国际国内场合阐述、倡导"人类命运共同体"理念。"人类命运共同体"思想是中国针对如何在当前全球治理背景下构建国际新秩序进行的一种前瞻性思考。

习近平主席在达沃斯论坛上强调，纵观近代以来的历史，建立公正合理的国际秩序是人类孜孜以求的目标，主权平等是数百年来国与国规范彼此关系最终的准则，也是联合国及所有机构、组织共同遵循的首要原则，在新形势下，世界各国必须要坚持主权平等，完善机制和手段，更好化解纷争和矛盾、消弭战乱和冲突，从而建立更加公正合理的国际政治经济新秩序，并促使国际力量对比朝着有利于和平与发展的方向变化。

当前，在世界范围内，新一代信息技术、新材料技术、生物技术、新能源技术等交叉融合正在引发新一轮科技革命和产业变革。为加快经济复兴，各主要发达经济体都在竞相发展战略性新兴产业和高新科技产业，抢占国际新一轮产业革命的先机和制高点。

面对世界科技发展的迅猛态势，面对世界经济格局和秩序所发生的新变化，面对行业转型和区域发展的需求，中国高等教育必须把自身发展放在国家现代化的大舞台和世界发展的大背景中来考量，必须主动加入到与国内外高水平大学竞争的行列，必须正视国际发展大势和国家经济结构调整对大学就业密集型行业带来的机遇和挑战，优化学科结构，培育创新人才，提升学术水平，增强服务力度。在这一特殊时期，高等教育内涵式发展应该是坚定不移地做好对外开放，将大学融入文明进步、社会发展、民族振兴的浪潮中，为解决人类命运共同体面临的共同问题勠力同心，作出贡献。

放眼全球，国外高水平大学的成功经验，虽不能照抄照搬，但却可以为我们提供借鉴和启示。如 UC 伯克利大学的共享治理模式，麻省理工学院建设的跨学科研究中心和实验室，斯坦福大学实施的"全球气候变化和能源协同项目"GCEP（Global Climateand Energy Project）等，都向我们展示了世界一流大学秉持开放发展理念，关切全球重大问题，致力于人类共同问题的解决，这些也推动了学校的发展变革。中国高等教育只有秉持建设人类命运共同体理念，坚持开放发展，与国际高等教育最新发展保持同频同振，大学才能及时获得更加丰富的信息，优化原有知识体系，在经济全球化的格局中开阔发展视野，将大学的人才培养面向全球视野，面向科学前沿、服务国家战略和区域发展的同时，增强大学的国际竞争力，真正实现科学发展、内涵式发展。

二、我国高等教育内涵式发展的现实条件

高等教育发展方式根据发展主要是靠要素投入还是资源效率提高可以分为外延发展和内涵发展两种。外延发展主要通过增加新校（院、系、专业）、增加教师数量来扩大规模；内涵发展则是通过挖掘现有学校的潜力、提高现有学校的资源效率，来实现总体规模的扩大。这两种模式不存在孰优孰劣的差别，而在于不同发展阶段的政策选择。在1999年以来连续十几年以外延发展方式实现高等教育大众化后，在高等教育马上进入普及化的今天，高等教育必须实现内涵发展的新模式。这基于以下理由：

（一）我国高等教育发展进程为内涵发展提供了现实基础

第一，高等教育发展规模庞大，即将迈入普及化阶段，是内涵式发展的现实基础。我国高等教育发展迈入普及化的趋势是必

然的。

21 世纪以来，我国高等教育进入了大规模发展阶段，随着毛入学率的不断攀升，2005 年我国高等教育总规模超过 2300 万人，成为全球高等教育第一大国。根据预测，进入普及化阶段，我国高等教育的总规模应当达到 4359 万人。2015 年大学毕业生人数是 749 万人，2016 年是 765 万人，2017 年是 795 万人，2018 届的毕业生人数突破 800 万。2017 年我国高等教育在学总规模达到 3699 万人，占世界高等教育总规模的 20%，规模位居世界第一。2012—2016 年，国家财政性教育经费 5 年累计投入 13.5 万亿元，超过 1952—2011 年累计投入之和。2016 年，高等教育共为社会输送 1193 万毕业生，另有中等职业教育 533.6 万人，已经成为新增劳动力的主力军。我国新增劳动力平均受教育年限已超过 13.3 年，相当于大学一年级水平。在职业教育发展方面，我国已建成世界上规模最大的职业教育体系①。

显然，这一规模在世界上是无与伦比的，届时将建成一个超大的高等教育系统。量与质是事物的两个方面，既相联系又相区别，任何发展都是量与质的有机统一。因此，除了数量标准外，普及化发展还将伴随我国高等教育质性的变化。它不仅将改变高等教育的形态，而且将丰富高等教育的性质与内涵，提升高等教育的作用和辐射力。高等教育普及化过程不只是数量的增长，同时还会有质性的变化，是量与质的统一体，迈入普及化的高等教育提供多样化的

---

① 教育部：《我国高等教育在学总规模居世界第一》，《中国青年报》2017 年 9 月 28 日。

教育满足人们的需求，是内涵式发展的现实基础。

第二，高等教育发展阶段性的"稳定值现象"是高等教育内涵式发展的内在逻辑基础。

有研究认为，从世界范围看，高等教育发展与经济社会发展之间存在一个"稳定值"现象，即在经济社会发展初期，入学率有一个较快上升的过程，当经济发展到一定阶段，入学率就会稳定下来。例如，美国、日本、韩国等国近50年来高等教育学生规模的扩张均略快于经济的发展速度。美国1947—1995年高等学校学生数年均增长3.8%，略快于同期GDP的年均增长率3.2%，学生数与GDP指数的相关系数为0.97。日本、韩国的相关系数分别为0.98、0.99，也呈高相关。另外，这三个国家高等教育跨入大众化阶段之后，其学生数年均增长幅度基本处于0—10%之间，呈小幅波动的稳步快速发展态势。① 我国从1999年扩招以来，高校招生每年的增幅是，1999年为47.4%，2000年为38.2%，2001年为33%，2002年为10%，2003年为5%，2006年为5%，2007年为7%，2008年为6%，2009年为5%，2010年为4%，2011年为3%，2012年为1%，2013年为0，2014年为2%。量的增幅逐年下降，除了基数扩大的因素，还有提高质量。在我国，高等教育经过快速增长进入大众化阶段后，通过适当盘整，出现高等教育发展的阶段性稳定值现象，这符合科学发展观的内在要求，同时，也是高等教育内涵式发展的内在逻辑基础。

―――――――――

① 房剑森：《我国高等教育内涵发展的政策选择》，《教育发展研究》2006年第7A期。

第三，高等教育钟摆式发展进程为内涵式发展提供了政策机遇。高等教育数量与质量是一对矛盾，许多国家都经历过高等教育从数量增长到质量下降、到控制数量再到提高质量的发展过程。例如西方发达国家，高等教育在经过"二战"以后大约 30 年的发展，80 年代进入了以提高质量为中心目标的时代。美国高等教育 80 年代进入了普及化阶段之后，在强调继续扩大高等教育数量的同时，提出要"全力以赴地提高高等教育质量"。

所以，高等教育发展进程中的这种钟摆式现象在世界上始终存在。如前所述，我国高等教育进入普及化必然会引起相应的质量变化。包括教育观念的转变、教育功能的扩大、培养目标和教育模式的多样化、课程设置、教学方式与方法、入学条件、管理方式以及高等教育与社会的关系等等。这种钟摆式的进程为内涵式发展提供了政策机遇期。近年来，党和国家抓紧这个政策窗口期，出台"双一流"建设等内涵发展的战略举措。

（二）高等教育发展不平衡不充分是内涵发展的政策客体

中国特色社会主义进入新时代，我国社会主要矛盾已经转化为人民日益增长的美好生活需要和不平衡不充分的发展之间的矛盾。社会主要矛盾的变化也一样反映在高等教育领域。

从宏观层面看，既有东中西部高等教育发展的不平衡，也有同一地区内部发展的不平衡；既有不同层次高校之间发展的不平衡，也有同一层次高校之间特色发展的不平衡。

从微观层面看，高校内部不同学科之间发展也不平衡，存在重教书轻育人、重智育轻德育、重科研轻教学等现象。高等教育的发展仍然不充分，离高等教育普及化要求的质量目标仍有距离，优质高等教育资源供给水平仍需提高，整体高等教育质量还有很大的提升空间，从高等教育大国迈向高等教育强国仍需艰辛努力。解决好高等教育发展的不平衡不充分问题，不断扩大优质教育资源供给，是新时代深化教育改革、办好人民满意的教育的最重要的任务，同时解决主要矛盾和问题也成为高等教育发展政策的客体和对象。

第一，我国高等教育发展"不平衡不充分"的主要表现。① 发展不平衡不充分的本质是社会供给无法与人民需求相匹配，主要表现在发展的质量和效益还不高、不够。通常高等教育发展到一定阶段后，就会追求发展上的平衡和充分。目前，我国高等教育发展依然"不平衡不充分"，主要表现在以下几方面：

一是优质高等教育资源区域分布不平衡不充分。在我国，"985工程"和"211工程"大学被视为优质高等教育的代名词，它们的区域分布具有极大的不平衡性。据统计数据，在39所"985工程"大学和112所"211工程"大学中，东部地区"985工程"、"211工程"院校分别为26所和71所，占比分别为66.7%和63.4%；中部地区"985工程"、"211工程"院校分别为6所和17所，占比为15.4%、15.2%；西部地区"985工程"、"211工程"院校分别为7所和24所，占比为17.9%和21.4%。呈现出东部密集，中西部稀疏的格局。42

---

① 申怡、夏建国：《论我国高等教育的"不平衡不充分"及其破解路径》，《中国高等教育》2018年第1期。

所"双一流"高校名单，原来的 39 所"985 工程"高校全部入选，仅增加郑州大学、云南大学、新疆大学 3 所中西部高校。可见，新一轮的优质高等教育建设调整，仍然没有改变区域分布不平衡不充分的格局。

二是高等教育层次不平衡不充分。从纵向来看，我国高等教育包括研究生教育、本科教育和专科教育三个层次。据 2016 年中国教育统计年鉴显示，目前我国研究生在校生数为 191.14 万，本科在校生数为 1856.02 万，专科在校生数为 1405.21 万，三者占总在校生比例分别为 5.5%、53.8%、40.7%，略呈中间大、两头小的"橄榄"型结构，与国际高等教育的"金字塔"型结构相去甚远。高等教育层次不平衡不充分将会对产业结构与就业结构带来不利影响，一方面会阻碍我国产业转型升级；另一方面会出现结构性失业问题。另据 2017 年《中国人才发展报告》披露，在未来几年，我国高级技工缺口高达上千万人。尤其是现代制造业等领域高端领军技能人才稀缺，将成为制造业转型升级的一大瓶颈，阻碍我国从制造大国向制造强国的转型升级。同时，高校毕业生就业压力日益严峻，主要在于高校未能根据社会需求培养学生，出现明显的供需不匹配。

三是高等教育生态发展不平衡不充分。在高等教育生态系统中，不同层次、不同类型高校之间应呈现比较合理的比例关系。当前，我国高等学校办学还不同程度地存在同质化倾向。我国高等教育领域的改名热与我国属于国家主导型资源配置模式有关，归根到底是为学校的发展争夺更多的资源。2015 年 11 月 5 日，国务院印发的《统筹推进世界一流大学和一流学科建设总体方案》，提出鼓励和支持不同类型的高水平大学和学科差别化发展。一时间，引发中国高等教育领域的又一次热潮。42 所"双一流"建设院校，将获得重点资助，随即引发各界热议。从"985 工程"、"211 工程"、"双一流"建设可以看出我国政府对高等教育的精确资助方式，通常将资助目标定位在一流的高校。中国目前普通高等学校呈现出"僧多粥少"的局面，在国家主要关注精英院校成长的大背景下，是否会进一步加大高等教育丛林的生态不平衡？众多没有进入"双一流"的普通高等学校是否会面临更加严峻的生存发展问题？

四是高等教育科类结构不平衡不充分。高等教育科类结构指不同学科领域的高等教育的构成状态。《学位授予和人才培养学科目录（2011 年）》规定，我国普通高校的研究生教育和本科教育的学科划分包含了哲学、经济学、法学、教育学、文学、历史学、理学、工学、农学、医学、军事学、管理学、艺术学 13 个学科门类。2015 年普通本科在校生情况中，工学与管理学两大学科的在校生总数占比高达 50%，其中工学以 33.3%的比例"独占鳌头"，而历史学、哲学两门学科的比重之和甚至没有达到 1%，成为名副其实的"弱势学科"。可以看到，目前我国文理科比例大体相当，但各学科之间发展不平衡不充分现象比较明显。而这一现象会对我国高等教育学科多样性发展十分不利，影响学科之间的"百花齐放"。

高等教育发展不平衡不充分的问题，很大程度上是量的增长带来质的变化的问题。高等教育大众化，且即将迈入普及化的高等教育带来学生、教师、职员人数的大幅增长，必然面临一场管理革命。教育思想，人才培养模式、制度，管理思想、机制等都会发生根本性的变革，教育政策必须随之跟进。如上所述，我国的大众化是突变式的，每年的增幅很大，这样带来的矛盾、问题会更多。面对高等教育新的形势和问题，我们需要认真分析、研究，探索新的教育理念，调整关系，创建与大众化、普及化相适应的教学、管理、评价制度以及发展战略等。进入普及化阶段，接受高等教育成为社会公众自身发展和社会生活不可缺少的一部分，高等教育成为社会文明进步的基石，高等教育公平的重点不再只是保证受众应有的平等权利，而是转变到了每一个人个性化发展要求的满足上。为此，高等教育结构应当进行适应性调整，尤其是高校内部的教育教学结构，应当建立起以学生为中心的教育教学体系，最大程度地满足高等教育受众复杂而多样的学习需求。①

（三）我国高等教育普及化的到来是内涵发展的必由之路

第一，我国高等教育发展正处于一个重要的历史节点上，普及化时代即将到来。

高等教育面临着规模将进一步扩大，质量需要大幅提高的挑

---

① 别敦荣：《普及化高等教育的基本逻辑》，《中国高教研究》2016 年第 3 期。

战，尤其是创新型人才培养已经成为国家和社会现代化建设的关键诉求；信息技术的应用日益普及、国际互联网与高等教育的深度融合为促进高等教育机会公平创造了便捷的条件，更深刻地影响着高等教育的未来形态和供给方式；中外交流与合作的全面展开和我国高等教育在全球化进程中的地位和作用的加强，更增强了我国高等教育变革的紧迫性。

概而言之，历史地看，我国高等教育发展取得了前所未有的伟大成就。现实地看，特别是站在我国经济社会发展的战略高度看，我国高等教育还不能完全适应人的全面发展和经济社会转型发展的要求，一些深层次体制障碍严重制约了高等教育的发展。为了适应人的发展和国家经济社会发展要求，加快高等教育发展步伐，建设高等教育强国，办好人民满意的高等教育，必须实现高等教育发展模式的转移，实现内涵式发展。

第二，普及化的高等教育需要有更多的包容性，需要提高质量内涵发展。根据国家教育发展规划，我国高等教育将在 2020 年进入普及化阶段①。普及化不只意味着数字的变化，更意味着高等教育性质与功能的改变。普及化将不断扩大高等教育受众人群增强高等教育民主化程度，保障人民群众接受高等教育的权利。截至目前，世界上有 68 个国家和地区实现了高等教育普及化，其中，毛入学率超过 80% 的国家或地区有 18 个，毛入学率在 60%—80% 之间的国家和地区有 38 个，毛入学率在 50%—60% 之间的国家和地

---

① 教育部：《一图读懂"国家教育事业发展'十三五'规划"》，《中国教育报》2017 年 1 月 20 日。

区有 12 个。① 这说明，高等教育普及化进程在毛入学率跨过 50%门槛值后不会停止，而是会朝着更高的水平发展。据统计，发达国家高等教育总体平均毛入学率已经达到 74.31%，希腊、韩国、澳大利亚、西班牙、芬兰、美国、奥地利、斯洛文尼亚、丹麦、冰岛、新西兰等国高等教育毛入学率更是达到了 80% 以上。这也预示着毛入学率达到 50% 不是我国高等教育发展的终极目标，我国还要向 60%、70% 甚至更高水平发展。这是高等教育自身发展的必然趋势，也是社会现代化水平不断提高后人民群众对高等教育的必然要求。有预测表明，到 2025 年，我国高等教育总规模将达到5187.08 万人至 5929.88 万人。②

普及化发展越深入，我国高等教育的平民化程度越高，服务全体社会民众的可能性越大，高等教育系统的社会包容性，尤其是对弱势群体的包容性越强。也就是说，普及化要求我国高等教育体制不仅要进一步扩容，增强对更多高等教育受众的吸纳能力，解决更多人口需要接受高等教育的问题，而且要调整结构，提高我国高等教育适应受众结构变化的要求，还要提高质量，为全体高等教育受众提供易于获得的优质高等教育，在更大范围和更高水平上促进国家经济社会发展。③

---

① 别敦荣、易梦春:《普及化趋势与世界高等教育发展格局———基于联合国教科文组织统计研究所相关数据的分析》,《教育研究》2017 年第 9 期。

② 易梦春:《我国高等教育普及化进程及其影响因素———基于时间序列趋势外推模型的预测》,《中国高教研究》2016 年第 3 期。

③ 别敦荣:《我国高等教育发展面临的形势和体制改革的主要任务》,《济南大学学报（社会科学版）》2017 年第 5 期。

三、实现高等教育内涵式发展的行动建议

解决好我国高等教育发展不平衡不充分的问题，极力满足人民对优质高等教育资源的需要，是实现高等教育内涵式发展的坚实基础，是加快一流大学和一流学科建设，完成建设中国特色、世界水平高等教育强国总目标的根本保障。

（一）以改革创新解决不平衡不充分问题

高校主动适应新时代的新要求，围绕我国社会主要矛盾的变化，针对人民对高质量、高水平高等教育的需求，全面贯彻党的教育方针，深化教育改革，坚持问题导向，深入推进改革，针对高等教育"短板"，以改革创新推进高等教育内涵发展，解决好发展不平衡不充分问题，实现建设中国特色、世界水平高等教育强国总目标。

第一，合理配置资源解决区域高等教育发展不平衡问题。

合理配置优质高等教育资源，促进优质教育资源合理流动，是高等教育均衡发展，提供更公平教育的重要途径。我国教育财政投入已经连续几年超过 GDP 的 4%，但是，我国高等院校的经费来源主要靠政府投入和学费收入，然而国家财政拨款经费受到"总蛋糕"的限制，又有"985 工程"、"211 工程"、"双一流"等重点支持建设的发展战略，无法做到对所有高校一视同仁，因此，想通

过国家财政投入方式改变资源不均衡问题不太现实。解决教育资源配置的不均衡问题，当务之急是以合理配置资源有效解决区域、城乡、校际三个方面的不平衡问题。

我国优质高等教育资源区域分布不平衡既与当地经济发展水平相关，又与政府的宏观调控和政策导向有关。拥有较多优质高等教育资源与所在区域经济社会的发展相辅相成。因此，在区域层面，加大区域经济建设，提高区域经济水平；在国家高等教育宏观布局政策层面，在不减少东部优质高等教育资源财政投入的前提下，应适当考虑向中西部地区倾斜；在地方政府层面，要发挥应有的作用，加大投入和制度供给，建设区域"一流大学"；在学校层面，向社会开放办学，增强向社会获得办学经费的能力，吸引更多资金支持者参与学校办学，多方寻求额外的支持以使其财政来源多样化。

第二，以特色发展解决高等教育生态发展不充分问题。

长期以来，高等学校千校一面、日益趋同现象广受诟病。这是我国高等学校长期在盲目追求"大而全"的背景下积累而成的。高等教育需要有个性、有特色，高等学校需要办学定位准确、优势发展。这些已经是高等教育发展理念的共识，但现实中做到特色发展还是很难，这对于高等教育生态系统的平衡协调发展产生了一些不良的影响。高等教育普及化意味着高等教育将成为大部分人的"基本教育"。

进入这一阶段，高校和生源之间的双向选择机会越来越多，高等学校之间的竞争将会更加激烈，不仅涉及优质生源，也涉及资金、地域等各方面。此时，各高校间只有通过加强特色办学、优势办学，以自己的文化特色、管理特色、专业特色、人才培养特色和优势招揽到相应禀赋的学生，才能在激烈的角逐中胜出。

近年来，通过第四轮评估和一流学科建设，很多高校基于自身学科或地域优势在某一学科前沿领域、某一产学研合作领域、行业特色领域特色办学方兴未艾，不少高校，特别是高职院校因地制宜、找准定位，通过"一校一品牌，一校一特色"等办学路径提升教育水平。因此，各高校应当做大做强优势领域，找准办学定位，与其他高校形成错位竞争，多元化办学、个性化办学、特色化办学，构建动态平衡、良性竞争的高等教育生态系统。

第三，以跨学科破解高等教育科类结构不平衡不充分。

我国高等教育领域学科发展不平衡不充分现象由来已久，在总体上表现为一种功利主义倾向，它以应用学学科（如工程学）作为大学教育的主要内容，致使大学功能出现技术化和商业化，丧失了原本的大学精神。

中国要进入世界一流大学行列，不能仅仅依靠应用科学，还需要人文学科。通过加大跨学科合作研究，将技术与社会科学和人文科学联系起来。随着科技、经济、社会发展对高层次人才提出的新要求，加速了人才知识结构由单一学科型向多学科复合型发展的转变进程。学科交叉在科技创新中的重要性日益增强，多学科、多领域交叉与融合已成为现代和未来科技发展和创新的驱动力。

当前，人工智能、基因技术、数字技术对我们的认知过程、知识结构、思维方式将产生重大影响，甚至连人的生产过程都有可能面临重大变化，但它们并不能改变那些对人类来说是最为基本、最体现人的自由意志和个体自主性的智能因素。这些因素才是我们在学习和教育中最需要坚持和培养的。在整个高等教育环境大力发展基础科学及应用科学，人文学科日渐式微的背景下，应该重新思考人文学科对高等教育发展的价值。

（二）以"双一流"引领高等教育内涵式发展

第一，一流大学建设必须是内涵式发展。

"双一流"建设是我国在高等教育发展新时期实施的又一个重点建设工程。2015年10月24日，国务院发布《统筹推进世界一流大学和一流学科建设总体方案》（以下简称《总体方案》），开宗明义地指出：统筹推进世界一流大学和一流学科建设，实现我国从高等教育大国到高等教育强国的历史性跨越。

这表明"双一流"建设战略在重视部分大学建设的同时，更有了全局性的建设目标，即"双一流"建设既重视部分大学和学科的建设，又重视高等教育整体水平的提高。所以，开展"双一流"建设要有全局观，要从最终实现高等教育强国建设目标出发，谋划建设路径和举措。"双一流"战略的实施，标志着我国加快高水平大学重点建设和提升高等教育整体发展水平，都站在了一个新的起点上。

"双一流"建设从方案设计之初就强调不是终身制，不是固化的，要根据建设情况进行绩效评估，所以，对"双一流"的认定只是第一步，关键还是建设。这种管理和支持机制的目的就是推动建设高校拿出成果、有所作为，发挥示范带动作用，为我国高等教育在国际上争出一席之地。因此，必须构建支持中国特色世界一流大学和一流学科建设的长效机制，引导高水平大学持续健康发展，其中科学评价是核心问题。

科学评价问题应从哪些方面着眼解决[①]？建立衡量大学办学水平的科学评价指标体系，是国内外高等教育的一个共同难题。中国特色的"双一流"评价体系，首先要扎根中国大地，在适当借鉴国际经验和指标的基础上，立足我国国情，建立以我为主、兼收并蓄、突出特色的"双一流"评价体系，引导高校把中国特色跟世界一流目标融合在一起，着力解决好国家和民族面临的时代问题。其次要突出服务国家需求，强化实践标准，淡化数字化指标导向，突出为国家和区域经济社会发展创造价值的评价。还要聚焦人才培养质量，坚持把一流本科教育作为评价导向，以培养符合社会需要的高素质专门人才和拔尖创新人才为根本使命。

第二，一流学科建设成为内涵式发展示范。

学科是一流大学建设的前提和基础，所以说，作为一项系统工程，高校内涵式发展必须紧紧抓住学科这个牛鼻子，首先实现学科内涵式发展。学科是高校最基本的元素，学科建设是高校改革发展的基础性、根本性环节。推进学科内涵式发展是实现高校内涵式发展的重要组成部分，也是实现学科自身发展的必然选择。

---

① 《新时代高等教育内涵发展的新动员令——访全国人大代表、中国高等教育学会会长杜玉波》，《中国教育报》2018 年 3 月 8 日。

简单地讲，学科内涵式发展就是学科建设发展更加注重内在素质的提升，即实现从以追求规模、数量的表象特征为主向追求质量、水平和特色的转变，实现学科建设在发展模式、投入方式、产出效益、评价标准等方面的转变。

（三）着力提升中西部高校发展内生动力 ①

中西部高等教育振兴计划实施五年以来，中西部高校与东部高校的差距进一步缩小。但实践中，中西部高校还面临很多困难。决胜全面建成小康社会关键在中西部，实施西部大开发、中部崛起国家战略关键在人才。中西部人才的培养和储备主要依靠中西部本地高校，必须把中西部高校发展放在国家高等教育的战略布局下予以重点考虑。

一是规范高层次人才合理有序流动，国家层面出台意见，进一步引导高校人才竞争突出国际视野，突出"高精尖缺"的导向，"长江学者奖励计划"等人才支持计划应当进一步加大对引进海外高层次人才和西部、东北地区高校高层次人才发展倾斜力度。

二是加大东部高校对口支援中西部高校力度，更多安排东部高校一流师资、一流学科平台、一流教育资源与西部高校实现共享，真委派专家、真拿出技术、真提供平台，确保取得实效。

三是优化中西部地区高水平大学建设布局，在部省合建中西部

① 《新时代高等教育内涵发展的新动员令——访全国人大代表、中国高等教育学会会长杜玉波》，《中国教育报》2018 年 3 月 8 日。

高校的基础上，站在优化国家高等教育整体布局的战略高度，把对中西部高校的支持和资源倾斜落到实处。

（四）全面关注各级各类高校建设和发展

列入"双一流"建设计划的大学和学科毕竟只是极少数，将中央和地方重点支持的大学加起来，总数也不超过全国高校的10%。显然，要建成世界高等教育强国，在重视"双一流"建设的同时，各级政府应当高度关注各级各类高校的建设和发展，不断提高我国高等教育整体办学水平，实现建成高等教育强国的宏伟目标。

第一，把地方高校作为中国高等教育的重要依靠力量，为地方高校营造良好外部环境。①

当前，地方高校占全国普通高校总数的比例超过95%，在我国高等教育改革发展的整体格局中，地方高校扮演重要角色，需要关注再关注。不管规模还是发挥的作用上，地方高校都是高等教育的重要组成部分，为国家和地方经济社会发展提供了大量的人力资源支撑，需要加快发展。但受地方政府财政压力增长和各方面资源条件限制的影响，地方高校发展普遍面临一些困难，影响了地方高校对经济社会发展支撑作用的充分发挥。

破解地方高校发展的问题，需重点围绕办学质量、教育投入、学生出口三个方面加以重视。由于地方高校数量占全国高校总数的

---

① 《新时代高等教育内涵发展的新动员令——访全国人大代表、中国高等教育学会会长杜玉波》，《中国教育报》2018年3月8日。

绝大部分，在我国高等教育体系中处于主体地位，可以说没有地方高校发展，中国高等教育发展建设将处于不平衡、不充分的现状，因而，需要采取综合措施加快地方高校建设。

一是在统筹推进我国"双一流"建设过程中要打破高校固有身份限制，为地方参与"双一流"建设提供机会和平台。

二是针对地方高校普遍存在的经费投入不足问题，一方面加大对地方高校经费支持力度，结合推进中央与地方财政事权和支出责任划分改革，参照中央高校生均拨款系数，实施地方公办普通高校生均财政拨款基准定额，探索建立以绩效评价为基础的学科专业建设长期支持机制，建立地方公办高校稳定的经费拨款制度。除了增加投入以外，加大完善高校捐赠制度。国家相关部门建立中央和地方的财政捐赠配比制度体系，制定专门的面向高等教育捐赠的税收政策，鼓励高校面向社会主动筹款，吸引更多的社会资源服务高教事业发展。

三是在地方高校的产教融合和创新创业教育方面，以产教融合为导向，引导地方高校更主动对接产业需求；加快推动地方普通本科院校向应用技术类型院校转型，真正做到人才培养和产业需求实现联动，同时将一些"点"上的经验模式化、制度化，做好推广；加快完善学生考核评价机制，赋予创业学生自主选择专业的权利，以降低学生创业的"试错成本"，保护学生创业激情。

四是加强教师队伍建设和高端人才培养。地方高校拥有一支高水平的教师队伍和高端人才尤其重要。针对当前高校"人才争夺战"愈演愈烈，甚至出现了高校之间恶意互挖人才的状况，地方高校往往处于劣势，好不容易培养了一个教授或是戴帽子人才，就被更好的高校挖走了。建议相关部门进一步规范高层次人才待遇标准，建立人才流动补偿机制，促进人才规范合理流动。

第二，大力发展高等职业教育。①

在我国经济转型升级与供给侧结构性改革的关键时期，职业教育的发展至关重要。我国正在迈向先进制造、建设制造强国的重要时期，迫切需要职业教育来支撑。高等职业教育作为与经济社会发展联系最为紧密的教育类型，担负着为中国经济发展持续提供技术、技能人才的重要职责。

德国高等职业教育被誉为经济腾飞的"秘密武器"，为德国的经济发展提供了强大动力，尤其是举世瞩目的"双元制"教育模式，在其职业教育中发挥了极其重要的作用，德国这些成功的办学经验非常值得我国学习借鉴。

随着我国高等教育即将进入普及化阶段，加大高等职业教育发展力度，无疑是破解我国高等教育层次结构不平衡不充分的最佳选择，也是我国高等教育长远发展的最优路径。

（五）从体制机制改革入手促进内涵发展

2017 年中共中央办公厅、国务院办公厅印发《关于深化教育体制机制改革的意见》（以下简称《意见》），并发出通知，要求各

---

① 申怡、夏建国：《论我国高等教育的"不平衡不充分"及其破解路径》，《中国高等教育》2018 年第 1 期。

地区各部门结合实际认真贯彻落实。深化教育体制机制改革，到2020年，教育基础性制度体系基本建立，形成充满活力、富有效率、更加开放、有利于科学发展的教育体制机制，人民群众关心的教育热点难点问题进一步缓解，政府依法宏观管理、学校依法自主办学、社会有序参与、各方合力推进的格局更加完善，为发展具有中国特色、世界水平的现代教育提供制度支撑。

《意见》中提出的四条原则，一是要坚持扎根中国与融通中外相结合；二是坚持目标导向与问题导向相结合；三是坚持放管服相结合；四是坚持顶层设计与基层探索相结合。这对于实现高等教育领域的系统改革和内涵式发展具有非常重要的意义。

《意见》中强调要创新人才培养机制，尤其值得重视。所以，高等学校要把人才培养作为中心工作，全面提高人才培养能力。不同类型的高等学校要探索适应自身特点的培养模式，着重培养适应社会需要的创新型、复合型、应用型人才。人才培养创新，才是内涵式发展的本质表现。

为此，要把培养创新精神和实践能力，要把创新创业教育贯穿于整个高等教育领域人才培养的全过程，通过学科专业动态调整机制，课程建设与教学改革，推进协同育人，促进人才培养的提升。

第五章　以产教深度融合促进职业教育发展

　　中国共产党第十九次全国代表大会成功召开，习近平总书记在十九大报告中指出，要优先发展教育事业。在新时期中国特色社会主义思想指导下，职业教育作为教育的重要组成部分，党的十九大报告提出"完善职业教育和培训体系，深化产教融合、校企合作；办好继续教育，加快建设学习型社会，大力提高国民素质"。这两句话体现了十九大对"新时代中国特色职业教育"的新要求。① 报告指出，建设一个教育强国是中华民族伟大复兴的根本工程。在建设一个强大的教育国家的过程中，积累了很多经验，同时发展职业教育和高等教育，就会出现很多新的矛盾，克服、完善、改革，进一步推进和深化产教融合，将成为我国经济、产业发展和转型的新动力。

　　习近平总书记在党的十九大上的报告和国家方针政策的科学总结，是新时期完善职业教育培训体系的指导方针。首先，指出职业教育的本质是国民教育，它是国家人力资源开发体系的重要组成部分。其次，实现民族振兴和建设强大制造业国家的伟大目标，既是

---

　　①　佚名:《办好人民满意的高等职业教育》,《新疆日报》2018 年 1 月 11 日。

民族选择，又是复兴之路，"路基"是亿万技能人才。最后，指明了新时期职业教育的中国特色是"产教融合、校企合作"。① 李克强总理还在国务院常务会议上指出，"充分调动社会力量，吸引更多资源向职业教育汇聚，加快发展与技术进步和生产方式变革以及社会公共服务相适应、产教深度融合的现代职业教育。"

当前教育的发展已经到了一个新的阶段。发展产教融合、校企合作培养技术人才是成功国家的共同规律。中国经济正处在转变发展方式、优化经济结构的关键阶段；全面深化改革，经济转型升级，提高企业竞争力都需要大量高技能人才，因此对职业教育的需求不断增加。如果我们仍然处于产教融合的初级阶段，就不利于社会经济的发展。行业的可持续发展和生产力的更新，是需要高科技人才的大量供应；职业教育是培养各类高技能人才，更好地服务区域经济，适应当前日益增长的社会需求，产教融合化可以促进职业教育更好更快发展。目前，职业教育往往侧重于人的发展教育，忽视社会相关产业性。事实上，自职业教育诞生以来，它一直与产业密切相关。习近平总书记也曾强调，职业教育是国民教育体系和人力资源开发的重要组成部分，是广大青年打开通往成功成才大门的重要途径，肩负着培养多样化人才、传承技术技能、促进就业创业的重要职责，必须高度重视、加快发展。② 因此，党和政府着眼于

---

① 　国家发展改革委员会：《国家发展改革委有关负责人就〈关于深化产教融合的若干意见〉答记者问》，2017 年 12 月 19 日，见 http：//www.gov.cn/xinwen/2017-12/19/content_5248610.htm。

② 　佚名：《办好人民满意的高等职业教育》，《新疆日报》2018 年 1 月 11 日。

"国家应用技术与技能培训体系"全局，高度重视职业教育的发展，将深入产教融合、校企合作作为一项重大战略措施加以实施。

一、正视职业教育发展中产教融合问题

（一）职业教育发展的成就与现状

改革开放以来，在中国经济发展的关键节点上，党和政府都做出部署，推动职业教育与经济社会发展相适应。改革开放至 2000 年前，此阶段职业教育的政策重点是：调整中等教育结构，建立职业技术教育体系，规模发展与内涵发展并重，以法律保障职业教育的发展；新世纪至党的十八大前，我国职业教育政策重点是：明确培养目标，同步推进规模与质量，落实教育公平，建立制度保障。

党的十八大以来，党中央高度重视职业教育，把职业教育摆在了前所未有的突出位置。习近平总书记站在党和国家发展全局的高度，多次就职业教育作出重要批示指示，强调要"高度重视、加快发展"职业教育。①

党的十八大以来国家推动职业教育的重大政策分为六类：深入推进职业教育办学体制机制改革，加快构建现代职业教育体系，着力提升职业院校人才培养质量，不断深化产教融合校企合作，切实

---

① 董刚：《进入新时代职业教育应有新作为》，《中国职业教育》2018 年 4 月 19 日。

加强师资队伍建设，全面提高职业教育发展保障水平。①

习近平总书记在 2014 年提出了关于职业教育的重要指导意见——"坚持产教融合、校企合作，坚持工学结合、知行合一，引导社会各界特别是行业企业积极支持职业教育，努力建设中国特色职业教育体系"。

国务院《关于加快发展现代职业教育的决定》指出，健全企业参与制度。研究制定鼓励校企合作办学的激励政策，深化产学结合，鼓励企业组织或参与兴办职业教育，发挥企业办学的主导作用。

中共中央《关于深化人才发展体制机制改革的意见》（中发〔2016〕9 号）进一步提出：建立产教融合、校企合作的技术技能人才培养模式。创新技术人才培养模式，鼓励职业院校和企业成为培养技能型人才和"双主体"试点培训的学校和企业。这是党中央和国务院政策文件中首次明确提出职业教育学校的"双主体"，具有重大的历史和现实意义。

党的十九大报告强调，"深化产教融合、校企合作"。校企合作是职业教育的基本途径。随着政策的深入推进，国务院办公厅出台《关于深化产教融合的若干意见》，新时代必将形成产教深度融合，把产业最先进的元素融入职业教育人才培养全过程，校企深度合作"双主体"培养人才的职业教育办学新局面。②

---

① 孟凡华、郭丹：《十八大以来中国特色现代职业教育政策推动报告》，《职业技术教育》2017 年第 24 期。

② 史文生：《新时代中国特色职业教育的新要求》，《河南教育》2018 年第 1 期。

党的十八大以来，我国逐步建立起完善的现代职业教育可持续发展机制，不断提升职业教育发展质量，扩大职业教育国际影响、增强国际话语权，在服务国家战略、服务经济社会发展、促进民生发展、促进社会公平等方面做出了巨大贡献，基本建成了现代职业教育体系框架，初步形成了具有中国特色的职业教育发展道路，改革发展中的各项工作均实现了历史性跨越。①

当前，我国已建成世界上规模最大的职业教育体系。根据《2016年全国教育事业发展统计公报》统计，至2016年，全国高中阶段毛入学率达到87.5%，其中中等职业学校在校生人数1599.01万人，占高中阶段教育在校生总数的40.28%。全国高等职业教育全日制在校生数1082.89万人，比上一年增加34.28万人，形成了世界上最大规模的中等职业教育和专科层次全日制高等职业教育。②

2016年，我国的职业院校有1.23万所。"十二五"期间，全国职业院校平均每年有近1000万学生毕业，他们是我国中高级技术技能人才的重要来源。在高速铁路、城市轨道交通、现代物流、电子商务等快速发展的行业中，新增技术技能人才的70%以上来自职业院校。③

---

① 董刚：《进入新时代职业教育应有新作为》，《中国职业教育》2018年4月19日。

② 陈嵩、马树超：《实现职业教育强国梦》，《中国教育报》2018年4月26日。

③ 张德江：《全国人大常务委员会执法检查组关于检查〈职业教育法〉实施情况的报告》，2015年6月29日，见http：//news.yntv.cn/content/14/201506/29/14_1103199.shtml。

根据《2017 中国高等职业教育质量年度报告》显示：（1）立德树人在学生基本素养培育环节的成效逐步显现，高等职业院校学生逐步展现出自信自强的良好品格。（2）高职院校专业建设基础能力普遍增强，专业设置伴随新兴产业协同发展，一批师资强、设备好、学生优秀的高水平专业正在形成。（3）高职院校校园信息化基础环境处于国际先进水平，已有超过 80％的院校达到了国家《职业院校数字校园建设规范》的标准，信息化推动教学创新，提升了院校管理效能；半数以上院校的校园、校舍、仪器设备等硬件条件达到先进水平，为中国高职教育面向世界"走出去"奠定了基础。高等职业教育近年来作为中国经济快速发展与信息技术高速发展叠加环境下成长起来的高等教育新类型，坚持产教融合、服务发展、促进就业，走出了一条不同于普通大学的发展道路，显示出中国特色高职教育发展的空前活力和勃勃生机。

（二）职业教育中的产教融合问题

但总体上看，我国职业教育发展仍然不能有效适应外部环境的变化，经济转型、产业发展、技术革新以及社会进步加快，使得我国劳动力供求不匹配的矛盾突出，职业教育尚不能满足社会对其高质量、多样性的需求。

当前，职业教育领域存在的主要问题是，顶层设计有待完善，法律法规体系、制度体系不健全，条块分割的管理体制形成诸多障碍；人才培养与社会需求不够匹配，技术技能人才的规模、结构不合理，职业院校主动服务产业发展的能力不足；职业院校的区域、城乡、专业间及校际发展存在不均衡，包括硬件资源、师资水平以及办学理念、校企合作等；社会参与力度不大，行业参与职业教育的机制建设不健全，企业参与职业教育的积极性不高、主动性不强；技术技能人才社会地位不高，整体薪酬偏低，社会保障不健全，社会认同度不够等等。①

其中，产教融合是制约职业教育发展的关键问题之一。当前职业教育是一个体系，在这个体系里不再是一般的学校和政府的关系，而是学校、政府、企业、金融、财政、就业、社会保障等其他相关部门的一个比较完整而庞大的整体，应该兼顾多方利益，发挥好每个部门在其中的作用和义务。产教融合是一个系统工程，各主体之间必须在深度融合中才产生创新绩效。要让产教融合成为职业教育的新特点，必须兼顾各方，统筹合一，政府和中介团体发挥连接桥梁的作用。

对于现今学校来说，培养输送人才是天职，对产业和社会经济的发展却没有多大思考。对企业来说，目的是实现企业利益最大化，用时间和金钱去培养职业人才却存在很大风险。长期以来，产教融合之所以较多地停留在表层难以深入下去，主要原因在于相关方的利益关切并没有得到很好保障，根源在于体制障碍。

现有体制对校企合作中的利益分配限制过多过死，严重地束缚了校企双方的活力。要想使政府企业学校行业社会协同育人的体系

---

① 陈嵩、马树超：《实现职业教育强国梦》，《中国教育报》2018年4月26日。

有效运行，就必须解决包括学生、教师、学校、企业、教育培训机构、社会行业组织以及政府部门等相关方的利益关切。①

深化产教融合意义重大，是一项系统工程，职业教育宗旨就是培养社会需要的实用型、技能型人才，它的培养模式就是工学结合，教、学、做一体化。为了把产教融合作为新的特点融入职业教育中，需要统筹整体的政策框架，改进不足之处。

目前职业教育中有两个方面资源比较紧缺，一是师资的紧缺，尤其是"双师型"师资队伍匮乏。二是实训条件不能够满足职业教育的需求。无论是师资培养还是实训基地建设都需要资金投入予以保障。

二、新时代我国职业教育发展的新要求

党的十九大报告中，习近平总书记作出了中国特色社会主义进入新时代的重大政治判断，并且进一步指出"经过长期努力，中国特色社会主义进入了新时代，这是我国发展新的历史方位"。这是对党和国家发展历史方位的精辟概括，具有深刻内涵和重大意义。

党的十九大报告明确提出"中国特色社会主义进入新时代，我国社会主要矛盾已经转化为人民日益增长的美好生活需要和不平衡不充分的发展之间的矛盾"的重大判断，为学校事业发展提

---

① 郭建如：《构建产教融合协同体系与合作机制》，2017 年 12 月 25 日，见 http：//www.csdp.edu.cn/article/3416.html。

供了理论和决策依据。我国进入新时代，"优先发展教育"的定位更加清晰。

相比十七大"大力发展职业教育"和十八大"加快发展现代职业教育"，党的十九大对职业教育的提法有了重大改变：完善职业教育和培训体系，深化产教融合、校企合作；建设知识型、技能型、创新型劳动者大军，弘扬劳模精神和工匠精神，营造劳动光荣的社会风尚和精益求精的敬业风气。中国特色社会主义进入新时代，对职业教育有了新要求。

（一）完善现代职业教育与培训体系

党的十九大报告指出"完善职业教育"和"培训体系"，说明我国职业教育不仅是国家教育体系的重要组成部分，也是人力资源开发的重要组成部分，明确定位中国特色职业教育的核心内涵。党的十八大以来，我国职业教育培训的改革和发展迈上了新的历史台阶，取得了显著成绩。其中一项历史性成就是基本完成了世界上规模最大的职业教育和培训体系。

但目前这个体系还不完善，大体上还只是一个体系框架，还需要努力进行充实与优化。例如：《职业教育法》迫切需要加快审核修订，进而依法进一步完善职业教育培训体系，包括职业教育培训管理体系，职业教育与普通教育、继续教育的衔接制度，职业培训与学历教育的学分累计和互认制度。

（二）全面深化产教融合与校企合作 ①

党的十九大报告明确指出，职业教育面临的挑战是深化产教融合、校企合作。这是进一步深化体制改革和职业教育机制的关键环节。产教融合是学校与企业合作的改进版本。生产教育一体化是职业教育的基本要求。同时，随着社会发展与经济转型，产教融合的内涵和形式也在不断地改变。

作为一种产业发展程度最高的教育，从发达国家职业教育的长期经验来看，最成功的职业教育模式通常是建立在产学合作基础上的。

然而，我国目前产业与职业教育还缺乏深度融合。首先，从发展历史看，职业教育的发展过程中企业的作用还没有充分发挥出来，仍然缺乏制度机制和政策的保障；其次，学校和企业的合作双方的利益保障机制还有待完善，因而仍然没办法实现合作共赢的局面。

（三）职业教育服务于国家发展战略

党的十九大提出要建设现代化经济体系，加快建设现代化的制造业和服务业，并培养了一批世界级的制造业集团。职业教育是建设知识型、创新型劳动力队伍的重要力量。

---

① 董刚：《进入新时代职业教育应有新作为》，《中国职业教育》2018 年 4 月 19 日。

产业的转型升级，迫切需要充分发挥教育的支撑引领作用；因而职业教育发展应该服务于"中国制造2025"。中国经济发展不平衡不充分，需要把中西部职业教育的支撑作用激发出来；同时，在"一带一路"倡议背景下，职业教育也是助推中国制造走出去的支撑力量。

（四）大力倡导和培育职业工匠精神

在党的十九大报告提出大力弘扬劳模精神和工匠精神。2016年的全国两会上，国务院总理李克强作政府工作报告时提到，鼓励企业开展个性化定制、柔性化生产，培育精益求精的工匠精神，增品种、提品质、创品牌。

这是"工匠精神"首次出现在政府工作报告中。制造业是一个国家经济发展壮大的基础，可以说制造业是立国之本、兴国之器、强国之基。因此在"工业4.0"和"智能制造"的背景下，职业教育作为培养职业技术人员的主要方式也需要大力弘扬工匠精神。

为此，要在职业课程上渗透人文教育内容，促进人文精神与科学精神的融合，使学生在掌握技能和技术的同时，实现"做事"与"做人"的结合统一。注重学生职业行为的养成教育，在教学内容、实践环境、教学过程中全方位、全过程、多形式、立体化地组织实施。

三、促进职业教育产教融合的政策建议

"产教融合"是"校企合作"的创新升级，旨在提高产业界和高校联合的紧密程度。"产教融合"是新时代职业教育在人才培养领域的"供给侧结构性改革"。

（一）完善产教融合的制度与法规

努力建立产教一体化的基本制度，如：政府、行业、企业、学校等各方合作办学，多方参与共同建设、多元评价的运行机制。探索深入参与职业教育的企业创建。深化校企合作，鼓励专业院校合作组织或"进校"合作组织校园工厂参加职业培训会议的主要目的，并按照国家有关规定享受税收优惠。同时专业院校应主动完善内部治理结构，成立各级职业教育校企合作委员会，让行业组织参与职业教育发展规划的制定及落实，将本行业产品或服务标准、从业人员基本要求和职业文化引入到职业教育中；高职院校则应该发挥自己的资源优势，尽量提供人才和技术等支持，以降低企业技术开发及人力资源管理等方面的成本。[①]

把产教融合建成职业教育发展的新特点，需要有相关的法律保障。国家在立法方面需要考虑周全，既要考虑教育领域的立法，同

[①]　王克：《职业教育"产教融合"期待构建利益机制》，《中国经济周刊》2018年第 3 期。

时也要兼顾经济、劳动、人事等方面的立法，做到相互呼应和制约；抓紧出台《职业教育校企合作促进条例》，尽快修订《职业教育法》并衔接《教育法》、《劳动法》、《劳动合同法》，引领和规范校企合作行为。

地方政府须根据区域经济社会发展的需求，制定具有地方特色的法规，明确校企双方的责权利，规范企业补偿机制，促进和保障校企合作，需要通过财政与税收政策等吸引和鼓励企业深度参与职业教育。

（二）以产业需求优化人才培养结构

专业设置与产业需求对接是深化产教融合的重要环节。对照国家战略和区域发展需求，特别是区域产业定位、产业升级、新兴业态和改善民生的需求及职业院校发展状况，加强分析职业教育发展的关键问题；充分对接人口变化趋势、行业发展和人才需求等因素，多维度对职业教育发展趋势进行分析，对其职业教育发展重点提出指导性建议，充分考虑政策变量、产业变化、市场需求和不可预测因素，针对高等教育和职业教育人才培养规模、层次、类型、结构的预测和人才培养模式的定位，构建相应调整机制。

在落实政策中，首先应统筹布局规划，根据区域经济社会发展需求和实际，引导各地结合区域功能、产业特点探索差别化职业教育发展路径。遵循职业教育发展内在规律，注意优化不同区域的产业结构和教育结构，同步规划并实施，进一步找准职业院校发展方向，引导职业教育资源逐步向产业和人口集聚区集中。各省通过招生计划的增量倾斜、存量调整，支持转型高校及时科学调整专业布局，扩大符合产业规划、就业质量高和贡献力强的专业招生，对非优势、特色专业实施暂缓招生、限期改造。

（三）建立保障各方利益的长效机制

在政策运行过程中，需要兼顾各方利益，调和政策施行过程中的矛盾，了解各方需要。例如，学生需要的是知识、技术的教授，实习的工资、就业的范围和方向。对学校来说需要的是财政的投入、企业的合作、合理的拨款制度、足量的财政投入会使学校处理产教融合上带来的问题更具有灵活性。

对企业来说，需要弥补来自因培养实习生等一系列活动所占用的时间和金钱带来的损失。

另外一些社会机构、第三方机构也有其他需要关注的利益所在。政府应该出资、出制度，发挥市场配置作用，为各方参与职业教育搭建平台。

（四）注重发挥产业企业主体作用

有质量的"产教融合"，必须要有企业的大力参与，企业必须发挥主体作用和引领作用，才能够使得研究生教育更加符合社会需求。加强行业部门对本行业职业教育与培训工作的指导。提高行业指导能力，建立职业院校、教育主管部门以及行业的联动机制，促进技术技能的积累与创新。

通过职能转移、授权委托、购买服务等方式，培育和支持行业组织履行好发布行业人才需求、推进校企合作、参与指导教育教学、开展质量评价等职责。鼓励多元主体组建职业教育集团。研究制定学校、行业、企业、科研机构、社会组织等共同组建职业教育集团的支持政策。

探索组建覆盖全产业链、跨行业、跨部门、辐射区域发展的职业教育集团。支持企业通过校企合作共同培养培训人才，推进校企一体化育人。对举办职业院校的企业，其办学符合职业教育发展规划要求的，通过政府购买服务等方式给予支持。对职业院校自办的、以服务学生实习实训为主要目的的企业或经营活动，按照国家有关规定享受税收等优惠。

（五）联合培养高素质双师型教师

教师实践经验不足、知识结构较窄等问题一直困扰着职业院校教师队伍建设。在产业升级换代的背景下，职业院校培养具备跨学科、跨专业能力的复合型师资。

要进一步完善校企共建双师型教师培养培训体系，允许职业学校设立一定比例的流动岗位，吸引具有创新实践经验的企业家、高科技人才及各类高级专业人才兼职任教。一方面，应该鼓励专业教师发挥自己的优势，参与企业的调研、咨询、专业技术服务，并积极与企业合作开展横向课题，参与企业的产品开发与技术服务，获取最新的企业案例和实战经验。另一方面，在鼓励教师走出去的同时，采取聘请企业的技术人员前来授课的方式，极大地解决了专业师资不足的问题。

改革开放以来，特别是党的十八大以来，我国逐步建立起完善的现代职业教育可持续发展机制，不断提升职业教育发展质量，扩大职业教育国际影响、增强国际话语权，在服务国家战略、服务经济社会发展、促进民生发展、促进社会公平等方面做出了巨大贡献，基本建成了现代职业教育体系框架，初步形成了具有中国特色的职业教育发展道路，改革发展中的各项工作均实现了历史性的跨越。

当前，我国已建成世界上规模最大的职业教育体系。但总体上看，我国职业教育发展仍然不能有效适应外部环境的变化，经济转型、产业发展、技术革新以及社会进步加快，使得我国劳动力供求不匹配的矛盾突出，职业教育尚不能满足社会对其高质量、多样性的需求。其中，产教融合是制约职业教育发展的关键问题之一。

党的十九大报告中，习近平总书记做出了中国特色社会主义进入新时代的重大政治判断，并且进一步指出"经过长期努力，中国特色社会主义进入了新时代，这是我国发展新的历史方位"。这是对党和国家发展历史方位的精辟概括，具有深刻内涵和重大意义。中国特色社会主义进入新时代，对职业教育有了新要求：新时代要求完善职业教育和培训体系，完善法律保障促进深化产教融合，职业教育服务于国家发展战略需要鼓励工人工匠精神。

从党的十八大提出要"加快发展现代职业教育"到国务院办公厅出台《关于深化产教融合的若干意见》，再到党的十九大报告强调"深化产教融合、校企合作"。产教融合是职业教育的本质特色，产教深度融合集教育教学、生产劳动、素质养成、技能历练、科技研发、经营管理和社会服务于一体，也是职业教育与其他教育的最大区别。因此，深化产教融合，对于加快职业教育改革发展具有战略性意义。"产教融合"是"校企合作"的创新升级。因此完善职业教育制度体系和法律保障，以需求为导向优化职业教育人才培养结构，保障产教融合相关方利益，建立长效合作机制，发挥行业企业主体作用，联合培养高素质双师型教师，从而进一步提高产业界和高校联合的紧密程度；不仅能促进高素质劳动和技术技能型人才培养，还能将职业院校和企业的研发成果转化为现实生产力，推动企业技术进步和产业升级转型，更好服务社会经济发展。

第六章　建设有中国特色社会主义民办教育

党的十八大以来，我国教育改革发展成就显著，作为国民教育体系中的重要组成部分，民办教育也经历了一个快速发展的黄金时期。近年来，全国人大对《民办教育促进法》的修订、国务院《关于鼓励社会力量兴办教育促进民办教育健康发展的若干意见》的出台以及教育部等有关部委《民办学校分类登记实施细则》颁发，为民办教育事业发展提供了政策支持，营造出良好发展环境。

根据 2016 年全国教育事业发展统计公报的相关内容，截至 2016 年底，全国共有各级各类民办学校 17.10 万所，比 2015 年增加 8253 所；招生 1640.28 万人，比 2015 年增加 3.37 万人；各类教育在校生达 4825.47 万人，比 2015 年增加 253.95 万人。

2017 年，习近平总书记在中国共产党第十九次全国代表大会上的报告中提出"支持和规范社会力量兴办教育"，这为我国今后民办教育的发展指明了方向。优先发展教育事业，实现更加公平的、高质量的、令人民满意的教育，就必须重视民办教育的作用。

一、改革开放以来我国民办教育发展历程

改革开放以来，我国民办教育经过不断发展，已成为我国教育事业的重要组成部分。民办教育的兴起和发展是新时期我国改革开放的一项标志性成果，在弥补公共教育经费不足、增加广大群众受教育机会、推进办学体制改革、促进教育竞争、构建有中国特色的社会主义教育体系等方面发挥了重要作用。①

（一）发展阶段

根据政府相关教育政策和民办教育的发展实践，改革开放以来，我国民办教育大致可分为以下三个发展阶段：

第一，恢复发展阶段（1978 年至 1992 年）。

事实上，新中国成立初期，国内已有一定的民办教育规模。新中国成立后，为了政权稳固的需要，教育领域也开始了社会主义改造，国家对私立中小学进行改造，由政府全面接管，将其改为公立学校。

随着 1956 年社会主义改造完成，教育开始全部由政府举办。党的十一届三中全会过后，"以经济建设为中心"成为国家发展的重心，教育领域也必然要作出相应变革。一方面，有限的政府财力

---

① 方建锋：《面向 2030，办优质民办教育》，《教育家》2017 年第 40 期。

无法很好满足广大人民群众的教育需求，进而无法很好地满足社会经济建设对人才的需求；另一方面，国家对教育事业"包得过多"、政府对办学实体"统得过死"的局面亟待解决。为此，国家开始逐渐下放管理权力，拓宽社会力量办学渠道，同时鼓励社会力量捐资助学与集资办学，民办教育开始发挥其独特作用。

1978 年 3 月，邓小平同志在《在全国科学大会开幕式上的讲话》中强调，"教育事业，决不只是教育部门的事，各行各业都要支持教育，大力兴办教育事业"。改革开放后的前几年，民办教育主要是以职业培训班或文化补习班的形式出现，中央政府对民办教育采取静观其变的态度，随着民办教育的影响力不断扩大，政府也开始在相应法规中予以管理和规范。①

1982 年颁布的《中华人民共和国宪法》第十九条第四款规定"国家鼓励集体经济组织、国际企业事业组织和其他社会力量依照法律规定举办各种教育事业"，开始实施"两条腿"办教育的方针。1985 年 5 月中共中央发布的《关于教育体制改革的决定》也指出"地方要鼓励和指导国家企业、社会团体和个人办学"。这让民办教育取得了在法律制度上与其他教育同等发展的地位，我国民办教育也开始有了合法地位。

第二，快速发展阶段（1992 年至 2010 年）。

这一时期是以邓小平同志的"南方谈话"为标志的。1992 年以后，随着邓小平同志视察南方谈话的发表，中国加速了改革开放

_____

①　刘胜男：《我国民办教育制度演变中的路径依赖困境及出路》，《现代教育管理》2013 年第 5 期。

的进程。在"南方谈话"前，受当时社会大环境影响，原国家教委对于民办教育一度持冷漠态度，无意将发展民办教育列入当年的重点工作之中。这种较冷漠的态度，其症结在于"姓资还是姓社、姓公还是姓私"之类的心病。[①]"南方谈话"解开了这一症结，国家对民办教育的态度也开始从"允许"转向"鼓励"。

表 6-1　1991 年至 1993 年我国民办教育发展情况[②]

	1991 年		1992 年		1993 年	
	学校数	在校学生数	学校数	在校学生数	学校数	在校学生数
幼儿园	12091	38.5	13808	53.62	16990	72.39
小学	655	2.65	864	5.52	4030	64.88
中学	544	8.96	673	13.38	851	12.70

　　由表 6-1 可以看出，"南方谈话"之后，我国民办学校数量和在校人数开始迅猛增加，民办教育进入到快速发展时期。这一时期，我国民办教育带有明显的市场化趋势，针对民办教育的营利性与公益性、教育的市场化及产业化问题，引发了社会各界特别是学界的广泛讨论，而政府对发展民办教育的决心并未动摇。

　　在"南方谈话"同年召开了中国共产党第十四次全国代表大会，大会报告指出"鼓励多渠道、多形式社会集资办学和民间办学，改变国家包办教育的做法"。

---

　　①　陈桂生：《中华人民共和国民办教育的现实道路》，《集美大学学报》2001年第 3 期。

　　②　陈桂生：《中国民办教育问题》，教育科学出版社 2001 年版，第 15—16 页。

1993 年，中共中央、国务院颁布《中国教育改革和发展纲要》，其中首次提出"改变政府包揽办学的格局，逐步建立以政府办学为主体、社会各界共同办学的体制"，"国家对社会团体和公民依法办学，采取'积极鼓励、大力支持、正确引导、加强管理'的方针"。在这种大环境下，各类民办教育快速发展，民办教育推进到中、高等职业教育和职业培训领域，特别是高等教育领域。

1997 年，国务院颁布《社会力量办学条例》，这是新中国第一个规范民办教育的行政法规，标志着中国民办教育进入了依法办学、依法管理、依法行政的新阶段。1997 年中国共产党第十五次全国代表大会提出了"科教兴国"战略，政府加大了教育改革与发展的力度。

1998 年，《中华人民共和国高等教育法》以法律形式确认了民办高校的地位，形成了以政府办学为主体、公办学校和民办学校共同发展的高等教育发展新目标。在国家鼓励的前提下，社会办学的势头不断发展，民办学校逐渐增多。

1999 年夏，召开了全国教育工作会议，会议提出要大力发展民办教育。会议决定，在我国第十个五年计划期间，要基本形成以政府办学为主体，公办学校与民办学校共同发展的教育格局。截至2002 年底，中国各级各类民办学校已经发展到 6.12 万所，在校生总规模已达 1115.97 万人。其中，民办高等教育机构 1202 所，民办普通中学 5362 所，民办职业中学 1085 所，民办小学 5122 所，民办幼儿园 4.84 万所。经过短短 20 年的发展，中国目前民办学校不论在数量上还是在校生总量上都已远远超过了 50 年代的私立学校，而且表现出强劲的发展势头。

第三，依法治教阶段（2003年至今）。

2003年，《中华人民共和国民办教育促进法》（以下简称《民促法》）的颁布，维护了民办教育举办者、教育者、受教育者的各项权益，使得我国民办教育发展进入一个法治化时期。

民促法的正式实施，标志着国家对民办教育从"加强管理"转变为"依法管理"。该法的出台，使得长期以来困扰我国民办学校发展的几类核心问题得到了解决，比如民办学校的性质、产权及回报，以国家法律形式肯定了民办学校的公益性地位，从法律上明确了民办学校与公办学校同等的权利和待遇。

2016年11月，根据《关于修改〈中华人民共和国民办教育促进法〉的决定》第二次修正，对营利性和非营利性的重新定位，细分了市场，放开了营利性学校的手脚，有利于两类民办学校的发展。民办学校从过去的强调数量上的发展，到强调质量上的发展，整个市场规模正在逐步做大，教学质量和学校环境成为民办学校相互比拼的核心竞争力。

2017年，国务院《关于鼓励社会力量兴办教育促进民办教育健康发展的若干意见》、《关于加强民办学校党的建设工作的意见（试行）》、《民办学校分类登记实施细则》、《营利性民办学校监督管理实施细则》等的相继颁布，与民促法的修正案形成政策叠加效应，从顶层设计上完善了我国民办教育发展的法律制度框架，使民办教育进入法治化发展的新阶段。

（二）主要特征

在我国各级各类教育的发展中，民办教育都发挥了独特的作用，对公办教育进行了较好补充，对人民群众的教育需求作出了较好回应。我国民办教育在改革开放后成长迅速，与公办教育共同发展，逐渐成为国民教育体系中的重要部分。2016 年，我国各级各类教育的学校数、在校生数及生师比情况如表 6-2 所示。

表 6-2　2016 年我国各级各类教育的相关情况

教育类别	指标	民办教育	总体	民办教育占比
学前教育	学校数	154203	239812	64.3%
	在校生数（万）	2437.66	4413.86	55.2%
	生师比	17.5	19.8	/
小学教育	学校数	5975	177633	3.4%
	在校生数（万）	756.33	9913.01	7.6%
	生师比	19.7	17.1	/
初中教育	学校数	5085	52188	9.8%
	在校生数（万）	532.82	4329.37	12.3%
	生师比	17.3	12.4	/
高中教育	学校数	2787	13383	20.8%
	在校生数（万）	279.08	2366.65	11.8%
	生师比	16.6	13.7	/
中职教育	学校数	2115	10893	19.4%
	在校生数（万）	184.14	1599.01	11.5%
	生师比	26.3	19.0	/

教育类别	指标	民办教育	总体	民办教育占比
高等教育	学校数	742	2596	28.6%
	在校生数（万）	616.20	2695.84	22.9%
	生师比	19.8	16.8	/

资料来源：《中国教育统计年鉴 2016 年》。

第一，学前教育领域，民办教育已经成为主体，幼儿园数量及在园儿童数量逐渐超过公办幼儿园。

2004 年以前，民办幼儿园在全国幼儿园中的比例在 50% 以下。自 2004 年开始，民办幼儿园数量开始超过公办幼儿园。截至 2016 年，全国民办幼儿园数量达到 15.42 万所，比 2015 年增加 7827 所，占全国幼儿园总数的 64.3%，民办幼儿园在园儿童为 2437.66 万人，占全国在园儿童总数的 55.2%。师资配置方面，民办幼儿园的生师比低于全国总体水平，教师资源相对充裕。

第二，义务教育领域，民办教育很好地对公办教育进行了补充，为社会提供了一种在公办教育之外的可供选择的教育服务。

截至 2016 年，全国民办小学数量为 5975 所，比上年增加 116 所，但只占全国小学总数的 3.4%，民办小学在校生 756.33 万人，比 2015 年增加 42.51 万人，占全国小学在校生总数的 7.6%。师资配置方面，民办小学的生师比高于全国总体水平，教师资源相对短缺。全国民办初中数量为 5085 所，比 2015 年增加 209 所，占全国初中总数的 9.8%，民办初中在校生 532.82 万人，比 2015 年增加 29.89 万人，占全国初中在校生总数的 12.3%。师资配置方面，民办初中的生师比远高于全国总体水平，教师资源相对短缺。可以看出，在义务教育阶段，民办学校都以较少的学校数量占比，满足了相对较多学生的入学需求，说明民众对于民办义务教育学校的认可度较高。民办教育在义务教育阶段为社会提供了多样化的选择，较好地满足了人民群众对高质量教育服务的需求，弥补了公办教育的不足。

第三，普通高中教育领域，民办教育很好地促进了我国高中阶段教育的普及。

尽管民办普通高中在全国高中数量的占比仍然不高，但其在普及高中阶段教育、促进高中教育多样化发展方面，起到了积极作用。截至 2016 年，全国民办普通高中数量 2787 所，比上年增加 202 所，占全国普通高中总数的 20.8%，民办普通高中在校生279.08 万人，比上年增加 22.12 万人，占全国普通高中在校生总数的 11.8%。师资配置方面，民办普通高中的生师比高于全国总体水平，教师资源相对短缺。总体来看，与民办义务教育学校不同，民办普通高中的数量在全国占比更高，但相较于学校数量，在校生在全国占比较低，说明民众对民办高中的认可度没有民办义务教育学校高。尽管如此，我国民办高中还是对普及高中阶段教育起到了一定作用。

第四，中等职业教育领域，民办教育从最初"拾遗补阙"的地位逐渐上升为我国职业教育体系的一个有机组成部分。

截至 2016 年，我国民办中等职业学校数为 2115 所，比 2015年减少 110 所，占全国中等职业学校总数的 19.4%。民办中职学校在校生 184.14 万人，比 2015 年增加 7739 人，占全国中等职业学校在校生总数的 11.5%。师资配置方面，民办中等职业教育学校的生师比远高于全国总体水平，教师资源相对短缺。民办教育的发展推进了中等职业教育领域的市场化与社会化，并越来越注重内涵式发展。①

第五，高等教育领域，民办教育发展迅速，逐渐促成多样化办学格局。

截至 2016 年，我国民办普通高校总数为 742 所，比 2015 年增加 8 所，占全国普通高校总数的 28.6%，民办高校在校生数 616.20 万人，比 2015 年增加 23.15 万人，占全国高校在校生总数的 22.9%。师资配置方面，民办普通高校具有研究生学位的专任教师占到了 58.4%，具有博士学位的专任教师占到了 8.4%。民办高等教育的办学条件持续改善，师资质量也逐渐提升，在满足社会对高等教育需求方面起到了积极作用。

综合来看，改革开放以来，我国民办教育的规模和质量均有着大幅提高，在大中城市，民办幼儿园、小学、初中甚至成为很多家长的首选；各地因地制宜发展民办教育，形成了民办公助模式、教育储备金模式、扶贫模式等多样化的体制机制；在我国教育总体发展从粗放式扩张向市场化集约型转变的大背景下，国家对民办教育进行了规范化分类管理，特色优质发展成为民办学校发展的新目标。

---

① 吴霓：《我国民办教育发展的现状特点、问题及未来趋势——基于统计数据和政策文本的比较分析》，《教育科学研究》2015 年第 2 期。

（三）基本经验

改革开放以来，我国民办教育发展迅速，取得了瞩目的成就。在成就背后，是中国特色社会主义民办教育发展的有效经验。

第一，坚持党的领导是民办教育健康持续发展的根本保障。

长期的实践表明，无论公办教育还是民办教育都应该在党的领导下举办，无论体制内的学校还是体制外的学校都应该充分贯彻党的教育方针。2017 年 9 月开始实施的修改后的《中华人民共和国民办教育促进法》总则中，新增加一条内容："民办学校中的中国共产党基层组织，按照中国共产党章程的规定开展党的活动，加强党的建设。"这为民办学校党的基层组织开展活动提供了法律依据。中办文件要求，按照全面从严治党要求，加强党对民办学校的领导。全国很多省份都成立了民办高校党建工作办公室或工作委员会，制定了加强民办学校党建的政策文件，不少省份还挑选党员干部到民办高校担任党组织负责人，兼任政府派驻学校的督导专员，提升了民办学校党建工作水平。我国鼓励社会力量和民间资本提供教育服务，但教育不同于普通的行业产业，必须严格贯彻党的教育方针，遵循教育规律和人才成长规律，而不能片面强调市场手段，单纯追求经济效益。

第二，政府支持是民办教育健康发展的重要动力。

党的十九大报告明确提出"支持和规范社会力量兴办教育"。民办教育的蓬勃发展，离不开地方政府的官方重视与大力支持，从目前的实际情况看，广东深圳、浙江温州等国内民办教育发展较快较好的地区，无不是当地政府高度重视大力扶持，为民办学校发展提供了强大动力。近年来，一些省市加大对民办教育的财政扶持，如上海市对民办高校按照生均 500 元至 2000 元给予扶持，陕西省从 2012 年至 2016 年对民办高等教育投入专项资金已达 15 亿元，2016 年重庆市对民办教育财政补助达 19.08 亿元，明显改善了民办学校办学条件。①

第三，规范管理是民办教育健康发展的必要条件。

民办学校的健康发展离不开政府的有效监督管理。教育事关社会民生，不能任由其自由发展，缺乏政府监管的后果就是民办教育无序发展，造成教育市场的混乱。近些年，民办学校问题层出不穷，其背后便是政府监管的不到位。

比如，2017 年 9 月，知名钢琴培训机构星空琴行突然暂停全国近 60 家门店营业，上海、南京、杭州等地门店均有不少消费者上门追讨培训费；2017 年 11 月，上海携程亲子园、北京红黄蓝幼儿园相继曝出"虐童"事件，成为全国舆论关注的焦点，这些现象折射出民办教育领域乱象丛生，急需加强监管。

全国许多省市着手构建规范管理长效机制，上海市制定了《上海市民办培训机构设置标准》、《上海市非营利性民办培训机构管理办法》、《上海市营利性民办培训机构管理办法》。重庆市落实民办学校法人财产权，加强年检和财务审计。诸多管理举措促进了民办学校的规范发展和良善治理。

----

① 阙明坤：《民办学校发展步入新时代》，《教育》2018 年第 1 期。

二、我国民办教育发展的新任务与新挑战

（一）民办教育发展的新任务

新时代下，我国民办教育发展的总体目标，应以分类管理为抓手，形成有利于促进民办教育发展的完善的体制和法治环境，使民办教育成为教育事业发展新的增长点；推进教育体制改革和制度创新，提升民办教育机构的办学质量和办学特色，致力于满足社会多样化需求；大力吸引社会资源投入教育领域，积极探索具有中国特色的民办教育发展模式，形成公办教育与民办教育共同发展的格局。具体来说，民办教育发展有以下新任务。

一是加快完善管理体制。从中央到地方的各级教育行政部门设立起专门机构，负责统筹、规划、管理和协调民办教育发展。

二是充分落实各项扶持政策。在各项扶持政策的指导下，地方政府可以通过多种方式落实政策，扶持当地民办学校，具体的措施包括购买服务、助学贷款、奖助学金和出租、转让闲置国有资产、税收优惠等。

三是继续推动教学质量提升。通过"质量提升计划"等政策的实施和引导，扶持一批办学规范、高质量、有特色的民办教育机构，为民办教育的整体发展树立榜样。

四是积极创新制度。在条件成熟的地区，开展多元主体参与办学等方面的试验，探索民办教育在制度创新和内涵发展上的成功模式。

（二）民办教育发展的新挑战

现阶段，我国民办教育面临一些新挑战，具体如下：

一是存在管理越位和缺位现象。在现行的教育管理体制下，民办学校的自主权受到较大束缚。尽管民促法规定，民办学校有权自主决定课程设置、学科专业、教育教学等内容，但在实践中，政府对民办学校的管理囊括了专业设置、招生及教科书选用、招生广告和简章的备案，同时对民办学校的教育教学方式、学科专业与设置、教学计划等进行管理。这种合理性管理一定程度上约束了民办学校的自由性与灵活性。政府对民办教育的管理采取的是与公办教育相似甚至完全相同的方式，没有做到具体问题具体分析。此外，民办教育领域存在着政府监管缺失的现象。行政管理部门的监督不力，导致民办教育乱象丛生。由于民办学校相关事务繁多，除了设置审批、年检等，还有各类活动的授予权，这让一些相关部门无暇顾及，放松了对其的监督。政府无法实行有效监管，监督权无法下放至其他组织，来自民间的监督没有得到补充，势必造成民办教育监督的缺失。

二是扶持政策落实不到位。一方面，民办教育法律和条例缺乏具体的应用程序。比如，在税收优惠、用地优惠、捐赠奖励、信贷优惠、资金扶持、合理回报、奖励表彰方面，还没有出台更加具体的政策，影响政策的落实。另一方面，由于各地发展不平衡，立法快慢也不统一，导致各地对政策的落实不平衡。有些地方政府按照民促法的相关内容已经出台了相关法规，有些地方只是出台了一些行政规章制度，少数地区甚至没有下发过关于民办教育的具体文件。扶持政策落实得不到位，很大程度上是由于民办学校的合法地位未得到落实。民办学校与公办学校都是我国教育体系的重要组成部分，两者不应是对立关系，而是在公平竞争原则下进行优势互补和共同发展。但目前在政策上，两者的相互关系仍未理顺，彼此的界限与功能仍有进一步明确的空间。尽管在北京、上海等大城市，民办初中、小学和幼儿园已经成为越来越多家长的首选，民办学校成为优质教育的代名词，但社会对民办教育依然存在着歧视性的思维，这也成为民办教育相关政策落实情况不理想的重要阻碍。

三是民办学校内部的发展危机。民办学校的办学特色不够鲜明，办学质量也有待提高。由于我国民办学校是自筹经费进行办学的，其主要的经费来源是学生的学费及不稳定的社会捐助，因此大部分民办学校只能简单地维持正常运行，很难进一步改善办学条件。生源方面，民办学校的生源质量整体上弱于公办学校，而学生的学业成绩、个人发展情况是影响学校声誉的重要因素，较差的生源会给学校带来恶性循环。民办学校，特别是民办高中和民办高校的生源多是受成绩限制无法进入公办学校的学生，这些学生的底子薄、基础差，不可避免地对民办学校树立形象造成障碍，不利于学校发展。为了招到好的生源，一些民办学校不惜代价，在给自己带来压力的同时，也容易与公办学校产生恶性竞争，不利于教育事业的整体健康发展。[1] 师资方面，受体制机制影响，民办学校很难建

---

[1]　张国印：《民办教育发展的困境与对策研究》，西南大学 2013 年硕士学位论文。

立起稳定的专职教师队伍，民办学校的教师队伍远没有公办学校稳定，很多民办学校的教师主要来自退休教师，或者从公办学校聘用兼职教师。民办学校教师的经济收入不像公办学校依靠政府财政，而是与学校收益挂钩，因此缺乏保障，此外选择了民办学校的教师想要再回公办学校面临着较高门槛，影响其职业发展，这些因素都加剧了教师队伍的不稳定性。不少民办学校管理者将自己与教师关系看做雇主与雇工的关系，导致价值观出现偏差，金钱利益成了维系学校与教师的唯一纽带，对教师缺乏尊重。① 此外，一些民办学校内部治理结构不够完善，存在着家族化管理现象，缺乏必要的权力制衡机制与风险防范机制。

三、进一步推进民办教育发展的政策建议

（一）不断完善法规体系，继续推进管理服务改革

民促法的出台及修正，为民办教育发展做出了法律上的明确规定，但是扶持民办教育的政策仍然显得很宏观。鉴于各地发展的不均衡性，今后应充分调动各地的积极性，不断完善民办教育法规体系，创设公平发展的制度环境。完善国家和地方分类管理制度体系，加强民办教育法规与其他法律法规的衔接和协调，增强民办教

---

① 张裕用：《改革开放以来我国民办教育制度变迁分析》，广西师范大学2008年硕士学位论文。

育法规执行的有效性。鼓励地方政府制定适合本地民办教育发展的地方性法规。完善民办教育司法救济制度，开辟民办学校、学生、教师等群体的救济途径，建立公开和透明的民办学校信息披露制度，完善民办学校内部管理制度，形成决策权、执行权、监督权分离和制衡的机制。

完善税收优惠政策。分类确立民办学校的税收优惠幅度，非营利性民办学校享受与公办学校同等的税收优惠政策，营利性民办学校享受一定的税收优惠政策；在列入投资计划、土地征用、组织建设等方面对社会力量捐资办学给予优先安排，对捐赠者给予企业所得税或个人所得税减免优惠；政府部门可划拨配比资金，作为对社会捐资办学行为的支持和鼓励。

拓宽民办教育的投融资渠道。在社会力量出资办学的具体方式上，可以选择独立办学，也提供合资合作或以资金、实物、土地使用权、知识产权及其他财产作为办学出资形式；鼓励企业、公民个人和社会组织为民办教育提供捐赠，设立民办教育发展基金，引导鼓励社会资金进入教育领域举办学校或者项目建设。

建立健全民办学校的督导评估机制。适时引入专业的中介组织进行评估活动，引导民办学校规范办学行为，提高办学水平、提升服务质量；具体的评估指标及评估方式应体现民办学校的特点，包括教学软硬件、行政管理、教学效果与反馈等各方面；注重督导评估结果的运用，建立有利于促进民办教育发展的激励和制约机制，那些评估结果达到一定水平的学校享受相应的扶持政策，包括人事调动及职称评定上的优惠，在教育部门和物价部门审批同意的前提下适度提高学杂费，免除一些单项评估等。通过多种形式向社会公布督导评估结果，形成有效的督导评估公示公告制度。

（二）稳步推进分类管理，建立健全预警退出机制

对民办学校实行非营利性和营利性分类管理，让民办学校举办者自主选择设立非营利性或营利性，进一步明确民办学校发展定位，规范民办教育持续健康发展。对民办学校按不同类型管理，对不同阶段性质的民办学校再细分差别化管理，不得设立实施义务教育的营利性民办学校，促进各类扶持政策落实到位。

在群众关注的收费方面，完善非营利性民办学校收费的具体办法，对于非营利性民办学校的收费，要通过市场化改革试点，逐步实行市场调节价，省级人民政府应根据办学成本以及当地公办教育保障程度、民办学校发展情况等因素确定具体政策，同时制定现有学校的过渡办法；完善营利性民办学校的配套政策，营利性民办学校土地过户中的税收减免，可参照高新技术产业、现代制造业以及其他鼓励投资工业项目的政策。

对分类管理的学校启动预警监测和退出机制，定期对两类民办学校的办学资质、经费管理、教学质量、办学条件等方面进行督导评估。探索建立起多角度、多层次的民办教育监管、评估体系，对非营利性学校中将营利性不体现在账目上的行为，责成整改。规范营利性学校的办学，避免盲目投资。对于那些长期亏损、办学效果很差的学校，引入退出机制。政府应根据民办学校的具体发展状

况，结合实地调研结果，科学合理地对分类管理学校启动预警监测和退出机制，定期向学校、社会公示民办学校的督导评估结果。在民办学校分类管理制度的创建上应采取渐进式的制度变迁方式，分类指导、分步实施，从而避免急于求成所引发的不良后果。事实上，《国家中长期教育改革和发展规划纲要（2010—2020 年）》提出分类管理制度构思时将其定位于"积极探索"，并没有要求马上全面推行。在对分类管理的认识理解、时机把握等问题上，社会各界也存在较大的意见分歧，尚未达成共识，短期内只能在部分地区先行试点，不能盲目扩大试点范围，必须稳步推进。

（三）提升民办学校质量，承担教育公共服务职能

改进民办学校的办学思想和理念，借助高校及科研院所相关专家学者的力量，逐步培养民办学校建立起负责任、有担当的办学理念，树立更加明确的办学目标和学生培养目标。避免民办教育陷入只重经济效益、只追求名利、不顾学生发展的危险境地。

建立合理的学校法人管理制度。优化民办学校董事会成员构成，不单单包括各位股东，也包括学校中层骨干、教师及家长代表和社会热心人士。逐渐将学校的管理和监督分离开来，在法人管理制度方面，民办学校应贯彻董事长制度和校长治校的原则，建立起规范的董事会，完善校长选聘制度，保障校长的管理权。校长负责日常事务的管理，对董事会负责，以集体讨论形式进行决策，避免决策的武断性和片面性。规范民办教育的财务管理，重视财务人员

的选聘，强调持证上岗，避免任人唯亲。此外，在民办学校内部管理上，要完善学校教职工代表大会制度、财务制度、招生制度、重大事项报告制度等。

不断强化师资队伍的建设。教育质量的提高，教师是关键，教师是民办教育的重要资源，直接关系到民办学校的生存与发展。建立一支高素质的、稳定的教师队伍是全面提高民办教育质量的核心。在建立民办学校高素质教师队伍的过程中，需要政府给予指导与帮助。地方政府要尽力解决民办学校教师的社会保障问题；消除教师身份的制度性差异，吸引优秀人才，建设一支人员稳定和结构合理的民办学校师资队伍；加强对民办学校管理人员的培训，教育行政部门可针对民办学校管理人员的需要组织专门培训或进修；政府主流媒体应大力宣传那些表现优异的民办学校办学成果，肯定其办学价值，借助多种宣传渠道改善民办教育在群众中的印象。

第七章　切实提升新时代我国教育公平水平

"教育公平是社会公平的重要基础，要不断促进教育发展成果更多更公平惠及全体人民，以教育公平促进社会公平正义。"① 党的十八大以来，在以习近平同志为核心的党中央的坚强领导下，在全党全国各族人民紧紧围绕实现"两个一百年"奋斗目标和中华民族伟大复兴中国梦的奋斗中，教育的基础性、根本性、支撑性作用充分凸显，"教育事业全面发展，中西部和农村教育明显加强"②，教育公平和教育质量也得到了新进展、取得了新突破，教育事业全方位的变化和系统性的提升为我国全面建成小康社会、实现社会主义现代化和全面建成社会主义现代化强国打下了坚实基础。

党的十九大的胜利召开明确了我国发展进入新时代，做出了"我国社会的主要矛盾已经转化为人民日益增长的美好生活需要和

---

① 习近平：《在北京市八一学校考察时的讲话》，《人民日报》2016 年 9 月 10 日。

② 习近平：《决胜全面建成小康社会　夺取新时代中国特色社会主义伟大胜利——在中国共产党第十九次全国代表大会上的报告》，《人民日报》2017 年 10 月 28 日。

不平衡不充分的发展之间的矛盾"的重要论断，从而也为我国教育事业接下来的发展指明了方向。得益于国家经济社会发展，我国教育事业获得了同步同向同质量的提高，人民群众对教育的需求发生了根本性的变化，即从基于"有学上"的教育公平转变成了"上好学"的质量追求。与此同时，教育发展不平衡表现出的区域、城乡、学校之间教育发展水平差距，以及教育发展不充分表现出的人民群众不断增长的高质量、多样化、选择性等教育新需求还未完全得到满足。提升新时代的教育公平，就是要着力破解教育资源分配的不均衡问题，以及教育质量仍不能完全满足人民群众自身发展需要的不充分问题。

"人民对美好生活的向往，就是我们的奋斗目标。"[1] 教育作为民生之基、民生之首，自然是人民群众最关心最直接最现实的利益问题。破解教育发展不平衡不充分所表现出的教育公平问题，是我国决胜全面小康社会中"全面"一词代表的平衡性、协调性和可持续性的重要体现，是"治贫先治愚，扶贫先扶智"[2] 实现精准扶贫和坚决打赢脱贫攻坚战的重要方面，也是以人民群众的利益为核心，谋民生之利、解民生之忧，在发展中补齐民生短板、促进社会公平正义的必然要求。

---

① 《习近平谈治国理政》，外文出版社 2014 年版，第 3 页。
② 《习近平谈治国理政》第二卷，外文出版社 2017 年版，第 85 页。

一、习近平总书记高度重视教育公平

（一）以优先发展教育事业为引领

党和国家对教育事业的持续关心和投入是新时代实现教育公平最基本、最有力的前提保证。自 1992 年确立了优先发展教育事业的战略地位以来，教育事业的优先发展成为党和国家长期坚持的一项重大方针。党的十九大报告亦再次重申，"优先发展教育事业。建设教育强国是中华民族伟大复兴的基础工程，必须把教育事业放在优先位置。"

2013 年 9 月 25 日，习近平总书记在联合国"教育第一"全球倡议行动一周年纪念活动上发表视频贺词提出："中国将坚定实施科教兴国战略，始终把教育摆在优先发展的战略位置，不断扩大投入，努力发展全民教育、终身教育，建设学习型社会，努力让每个孩子享有受教育的机会，努力让 13 亿人民享有更好更公平的教育，获得发展自身、奉献社会、造福人民的能力。"

可以说，正是党和国家一直将教育事业放在优先发展的战略地位，才使教育公平得到了如此明显的改善。站在新的历史方位，作为中华民族伟大复兴的基础工程，必须仍要毫不动摇地坚持教育事业优先发展的地位。只有这样，才能继续巩固和进一步扩大新时代教育公平的发展成果；才能继续发挥教育在民族振兴和社会进步中的支撑性作用；才能继续夯实国家经济社会发展，培育经济社会发展的新优势、创造新机遇，从而有效应对各种风险和挑战。

（二）以改善发展不平衡不充分为起点

党的十九大基于我国国情做出了一个重大科学判断，那就是"中国特色社会主义进入新时代，我国社会的主要矛盾已经转化为人民日益增长的美好生活需要和不平衡不充分的发展之间的矛盾"。与此同时，我国教育事业也迎来了从"广覆盖"到"重均衡"的发展转变。具体来说，就是"要优化教育资源配置，逐步缩小区域、城乡、校际差距，特别是要加大对革命老区、民族地区、边远地区、贫困地区基础教育的投入力度，保障贫困地区办学经费，健全家庭困难学生资助体系。要推进教育精准扶贫，重点帮助贫困人口子女接受教育，阻断贫困代际传递，让每一个孩子都对自己有信心、对未来有希望"。[①]

我国教育公平已由追求入学机会公平向教育资源配置公平发展，这既是教育发展过程中的变化，也是教育发展起来后的新要求。从人民群众的教育需求来讲，已从追求"有学上"转变到"上好学"，这是基于自身发展需要的个性化、多样化、选择性等高质量教育需求，亦是一种对更加美好生活的向往。从教育资源供给层面讲，社会财富一定程度上已经能够满足人民群众的教育发展需求，但在资源供给与配置上，区域、城乡、学校以及不同群体之间

---

① 习近平：《在北京市八一学校考察时的讲话》，《人民日报》2016 年 9 月 10 日。

仍有不少差距。新时期的教育公平，就是要着力弥补这些差距，实现教育资源的公平配置，使每个孩子"共同享有人生出彩的机会，共同享有梦想成真的机会，共同享有同祖国和时代一起成长与进步的机会"。①

（三）以办好人民满意教育为价值追求

将人民群众挂嘴边，将人民群众的满意度作为衡量党政工作的一切标准是党和国家一直以来的价值追求和工作作风。"做到老百姓关心什么、期盼什么，改革就要抓住什么、推进什么，通过改革给人民群众带来更多获得感。""多推有利于促进社会公平正义的改革，多推有利于增强人民群众获得感的改革"②，"共享发展注重的是解决社会公平正义问题……我们必须坚持发展为了人民、发展依靠人民、发展成果由人民共享……"③习近平总书记在不同场合表达过人民群众至高无上的地位和"人民至上"的观念。教育事业作为民生之基、民生之首，自然是人民群众最关心、最直接、最现实的利益问题，党的十九大报告中亦再次要求"深入贯彻以人民为中心的发展思想"，"多谋民生之利、多解民生之忧，在发展中补齐民生短板、促进社会公平正义"，办好人民群众满意的教育。

办好人民满意的教育，必须更好地体现党的十九大报告"以

---

① 《习近平谈治国理政》，外文出版社 2014 年版，第 40 页。

② 《习近平谈治国理政》第二卷，外文出版社 2017 年版，第 103 页。

③ 《习近平谈治国理政》第二卷，外文出版社 2017 年版，第 200 页。

人民为中心"的发展思想，更好地体现习近平总书记"努力让 13
亿人民享有更好更公平的教育"的共享发展理念。人民满意的教
育，就是更加公平、更高质量的教育。努力办好人民满意的教
育，就要坚持促进教育公平，保障每个孩子的公平发展权。进一
步提升新时代的教育公平，是办好人民满意教育的必然要求和重
要方面。

二、提升我国教育公平水平的实践举措

（一）以规范指标兜底教育公平

党的十八大以来，我国教育事业在规则建设和标准指引的引领
下，推出了一大批针对性强、覆盖面大、作用直接和效果明显的兜
底措施，在促进教育公平方面实实在在地为人民群众解决了教育难
题、增加了教育福祉，使人民群众对教育的获得感不断增强。

教育财政性投入方面，国家财政性教育经费占国内生产总值
的比例连续 5 年保持在 4% 以上，为教育事业全面发展和促进教育
公平奠定了基础。教育普及方面，2016 年的九年义务教育巩固率
达到 93.4%，高中阶段毛入学率达到 87.5%，高等教育毛入学率达
到 42.7%，教育普及程度超过了中高收入国家的平均水平。资助体
系方面，基本形成了覆盖各级各类教育的家庭经济困难学生资助体
系，2016 年受助学生超过 9000 万人次，农村义务教育学生营养改

善计划每年惠及 3600 万贫困地区学生。[①]办学条件方面，通过 2014 年 7 月教育部等三部委印发的《全面改善贫困地区义务教育薄弱学校基本办学条件底线要求》，2016 年 7 月国务院开出了《国务院关于统筹推进县域内城乡义务教育一体化改革发展的若干意见》，旨在通过县域内城乡义务教育"学校建设标准统一、教师编制标准统一、生均公用经费基准定额统一和基本装备配置标准统一和'两免一补'政策城乡全覆盖"基本实现县域义务教育均衡发展和城乡基本公共教育服务的均等化。

通过制度规划和标准建设来兜底教育公平，实际上是在决定教育公平程度的经济社会发展水平等先天条件下发挥教育资源配置的平等性和补偿性原则。教育公平中资源配置的平等性原则强调教育起点、过程平等，要求为学生提供平等的受教育机会（如入学招生制度）和条件（如物质条件和师资条件），确保每一个受教育者在教育起点、教育条件方面被无差别对待。教育公平资源配置中的差异性原则关注受教育者的社会经济地位的差距，并对社会经济地位处境不利的受教育者在教育资源配置上予以补偿[②]。用规范指标推动和兜底，用督导评估验收和改进，一定程度上可以有效引导和保证教育公平提升发展的科学性、和谐性，也注重了提升和实现教育公平的过程性设计，凸显可操作性、可持续性，使发展过程重心向下、面向基层、区域推进、分类指导，从而能够在现代社会发展日

---

①　陈宝生：《优先发展教育事业》，《人民日报》2018 年 1 月 8 日。

②　褚宏启、杨海燕：《教育公平的原则及其政策含义》，《教育研究》2008 年第 1 期。

益复杂化和综合性的今天，用标准化建设切实有效和较快速地推动教育公平。

（二）以信息建设加速教育公平

"中国坚持不懈推进教育信息化，努力以信息化为手段扩大优质教育资源覆盖面。我们将通过教育信息化，逐步缩小区域、城乡数字差距，大力促进教育公平，让亿万孩子同在蓝天下共享优质教育、通过知识改变命运。"[①] 按照习近平总书记这一指示，中国教育信息化将信息技术与教育教学实践深度融合，用信息化手段迅速有效地扩大了优质教育资源的覆盖面，使优质教育资源贫乏地区实现跨越式发展、"弯道超车"和助力实现教育公平按下了"加速键"。

我国国土面积广大、人口众多、地区发展水平差异较大，要在这样的国情基础上实现区域、城乡、学校间优势教育资源的均衡分布，仅靠传统的教育发展方式很难奏效。多年来，我国坚持通过教育信息化，加快知识和技能的广泛扩散，逐步缩小了区域、城乡数字差距和知识鸿沟。2014年11月教育部等五部门印发的《构建利用信息化手段扩大优质教育资源覆盖面有效机制的实施方案》为利用信息化手段实现贫困地区跨越式发展奠定国家统筹的政策基础，让亿万孩子同在蓝天下共享优质教育。以中小学互联网接入率

---

① 《习近平致国际教育信息化大会的贺信》，《人民日报》2015年5月24日。

为例，实现了从 2012 年的 25% 到 2017 年的 94%。[①]2015 年 5 月召开的国际教育信息化大会上，来自马达加斯加等国的教育官员称赞中国教育信息化的伟大成就。马达加斯加教育部部长安德里亚尼艾纳·保罗·拉巴里表示："中国在教育信息化方面取得的成就和经验尤其令人印象深刻，特别是中国政府在资金投入和鼓励各界的广泛参与方面，以一种很执着的精神，实现了教育理念和教育方法上的创新。这种发展模式值得马达加斯加学习，并且已经成为许多国家学习的标杆。"伊朗中等教育部副部长阿里·扎拉夫认为中国提供的教育信息化解决方案非常好，在了解到中国"IPTV"（交互式网络电视）的成熟体系——互动电视，可以将优质教育资源送优秀教师资源的偏远中小学校去后，他提出，"IPTV"由伊朗国家电视台进行推广，运用到了伊朗国家的各个地方。[②]

在利用教育信息化手段实现优质教育资源的跨时空共建共享、打破信息壁垒消除信息鸿沟，实现"弯道超车"和跨越式发展方面，中国用审时度势的睿智和国家牵头的强大执行力成为教育信息化助力教育公平坚定的实践者、受益者和示范者，中国抓住了历史机遇，从顶层设计到举国推动，这一整套行之有效、贯彻高效的做法圆了国内亿万孩子共享优质教育的梦想，也让国际社会为此赞叹。

[①]　陈宝生：《落实好十九大精神办好人民满意教育》，《中国教育报》2017 年 10 月 23 日。

[②]　黄蔚：《中国教育信息化的成就令人印象深刻》，《中国教育报》2015 年 5 月 26 日。

（三）以先进案例示范教育公平

区域性的教育改革试点等的重大意义就在于探索道路、反思失误、吸取教训、总结经验，通过先进案例来示范教育公平。地区发展差异、人口背景不同等造成的城乡、区域间甚至同一区域内学校间的教育资源分配不均影响了教育公平的实现，在各种激发了地方创新管理智慧的区域教育公平实践中，加深了教育管理部门和办学者对教育公平的自我认识、自我评价和自我反思，也让走得快的先进地区的试点改革经验为其他地区同样因地制宜提升教育公平提供诊断经验。

城市化快速发展过程中，人口的高流动和人口空间分布的非均衡是新时代区域教育公平的人口背景。由此表现出的城镇、区域间优质教育资源不均便考验了教育部门的智慧和能力。打通城乡阻隔，实施一体化管理；开展委托管理，提高薄弱学校办学能力；实施集团化管理，整合优质教育资源；学区化办学，扩大优质教育资源辐射能力等创新管理方式方法为新时期教育公平提供了先进示范。如"苏南教育现代化建设示范区"，它建立在苏南地区县域经济的快速发展和整体均衡、吴文化"崇文"文化品格孕育出内在文化支持和广泛社会基础之上，教育政策及发展规划的城乡统筹兼顾、一体化推进，并把科学规划学校布局、合理配置教育资源作为促进教育均衡发展的重要内容常抓不懈，使苏南地区基本形成了覆盖城乡、布局合理、发展均衡的教育体系。又如上海浦东新区的委托管理。委托管理立足于托管契约，将托管双方的义务与权利进行强制规范，由政府出资委托具有优质教育资源的学校或机构对薄弱学校进行管理。

通过委托管理的方式，可以将先进的办学理念、教学方法、优质的教学资源等引进到薄弱学校，实现优质教育资源的均等化，提高薄弱学校自主办学实力，最终实现区域内义务教育均衡发展。再如上海市金山区于 2014 年开始了以学区化办学为核心的教育治理体制改革。根据地理位置就近原则，农村学校与邻近的城区学校组建成一个学区，统筹学区内部各类优质教育资源，人才柔性交流，资源共享共建，城乡学校协同发展。①

三、新时代教育公平的新要求与新任务

（一）差异化政策覆盖不同群体

社会作为一个复杂的巨系统，教育是和其他子系统一样不仅为社会发展提供基础动力，也以社会发展的现实状况、发展趋势和进程等为土壤。人口的增长流动、经济科技发展等对人才的需求都成为影响教育发展和教育公平的因变量。提升新时期的教育公平，须依据人口背景结构性地调整和配置教育资源，须制定差异化政策覆盖不同群体，以教育诊断的思路方法明确不同受教育群体的需求，

---

① 郗庭瑾、尚伟伟：《新型城镇化背景下义务教育基本公共服务均等的现实困境与政策构想》，《华东师范大学学报》2015 年第 2 期。

满足不同教育对象的需要，最大限度地提升受教育者的获得感，从而提升教育公平的广度。

如今的中国，城市化快速发展，"低生育、高流动、非均衡"的发展态势构成了未来教育事业发展的基本人口背景，决定着教育资源供需关系的时空结构，这对不同时期各级教育资源的均衡配置、对教育资源的城乡均衡配置以及对教育资源的区域均衡配置都提出了更高要求。[①] 区域之间的人口高流动性显著影响着教育资源配置的空间格局，也进一步加剧了教育资源区域配置的难度，在我国财政分级负担的体制下，区域之间的教育资源余缺难以调剂。如城镇化背景下，长期性举家流动已成为社会常态，随迁子女持续增加的教育需求呈现出了多层次化和优质化的趋势，而户籍与公共服务彼此捆绑等现实条件使公共服务非均等化成为当下影响教育公平的突出问题。

党的十八大之后，城镇化转型发展的现实需求愈益迫切，被赋予更高要求的"新型城镇化"概念应运而生。作为国家发展战略，新型城镇化最为重大的内涵转变就在于，从以往单纯追求城市人口规模与区域空间扩张的发展模式，发展到关注以人为核心的城镇化质量的提高、关注农村人口向城市迁移过程中"市民化"的有效完成和公共服务均等化的平等获得。[②]"全面小康，覆盖的人口要全面，是惠及全体人民的小康。全面建成小康社会突出的短板主要在民生领域，发展不全面的问题很大程度上也表现在不同社会群体民

[①] 吴瑞君、朱宝树：《中国人口的非均衡分布与"胡焕庸线"的稳定性》，《中国人口科学》2016 年第 1 期。

[②] 郅庭瑾：《人的城镇化：教育何为》，《人民教育》2015 年第 9 期。

生保障方面。"① 进一步提升新时期的教育公平，须更好地满足不同群体对优质教育资源的共同需要，将优质教育资源的配置结构调整重点转向人口高流动背景下的城乡不平衡、区域不平衡以及不同区域学校的设点布局，分阶段地推进教育资源优质均衡发展，运用差异化政策覆盖不同群体，使每一个学生都享有人生出彩的机会。

（二）保障机会到追求个性多元

教育公平在不同的社会经济发展阶段有不同的侧重点。新时代，我国教育公平事业的发展达到了一个前所未有的高度。在经历了追求教育权利的平等到认同教育机会均等，如今教育公平已由注重起点、速度、教学设施设备等的"外延式"发展转向注重过程和结果、质量和效益的"内涵式"建设，这是教育发展在经历了"效率优先"的价值追求后对人文情怀与科学精神等更能体现教育本质理念的正位和回归。历史方位发生了变化，教育回归人的发展的现实需求和可能性，比任何时候都来得强烈。在经历了追求教育权利平等和教育机会均等后，追求教育质量的公平成为新的诉求。教育公平之所以成为中国社会发展所追求的重要目标，一方面在于教育公平既适应社会发展的需要和发展规律，又适应主体的需求和价值选择；另一方面还在于教育公平具有对于现实社会状况和个人状况的超越和提升，即对社会状况、教育体制和人的差异的超越。新

---

① 《习近平谈治国理政》第二卷，外文出版社 2017 年版，第 79 页。

时代里，教育公平的提升要顺应人民群众不断增长的高质量、多样化、选择性等新的教育需求，更加服从和服务于公平所追求的内在本质，即人的自我实现和全面发展，让教育公平更有深度。

教育公平不仅意味着学生享有公平的入学机会，教育过程中受到公平的对待，也意味着让每一个学生在教育结束后得到全面而充分的发展。教育公平必然带来教育充足，与传统的教育公平发展不同，教育充足不取决于平等对待的标准，而更取决于学生个体的需要，其特征是确保所有学生公平地获得为达到特定水平的知识与技能所需的教育机会，从而体现了教育公平的实质①。教育作为面向未来的事业，站在新的历史方位面临着多重挑战的叠加，一是国家进入新时代，二是教育处于新周期，三是科技孕育着新未来。科学技术、现代技术的发展使更具有创造性的学习方式成为可能，使多样化学习方式的价值凸显，且在技术发展的驱动下，教育形态和学校形态也迎来变革，进入"灵巧教育"时代②。打破现有学校的工业制造业生产的模式，背弃学校发展建设的划一性，发扬学生学习的主动性，尊重个性，增加选择性，让学生有空间和时间去学习自己喜欢和愿意学习的东西，创造自己的门路，从而促成其自我价值的实现和全面发展。

进一步提升新时期的教育公平，须让教育供给走向多选择性、

① 薛二勇：《教育充足时代教育公平内涵要扩容》，《中国教育报》2018 年 1 月 12 日。
② 教育部学校规划建设发展中心主任陈锋在中国教育学会第 30 次学术年会上的发言（2017 年 11 月 18—19 日）。

多元性、自主性和个性化。一是要打破传统教育的制度壁垒，加强教育体制机制变革，鼓励和促进优秀民办教育的发展，让教育服务的供给由依赖政府投入、单边主导转为学校、企业、社会组织、师生和家长等多元主体的共同参与；二是充分和创新运用信息技术和科技发展，开展教育服务需求诊断，灵活运用教育信息化载体，运用教育诊断的思路方法明确学生、教师的发展需求，运用区域规划、综合治理的思维建设跨学校、跨区域的学习共同体，加强城乡、区域、学校间的合作交流，为教师和学生精准地提高他们所需要的个性化教育服务；三是强化尊重教育多样化发展和学生的个性化选择的新教育理念，营造更加多元、开放、个性化的社会环境，融通课内外实践，让学生的学习从教室小课题走向社会大学堂，注重培养学生的高阶素质和能力，使每个学生在其原有基础上得到全面而充分的发展。

（三）重点帮扶弱势地区和群体

"要加大对革命老区、民族地区、边远地区、贫困地区基础教育的投入力度，保障贫困地区办学经费，健全家庭困难学生资助体系。要推进教育精准扶贫，重点帮助贫困人口子女接受教育，阻断贫困代际传递，让每一个孩子都对自己有信心、对未来有希望。"[①]"加大内生动力培育力度。扶贫要同扶智、扶志结合起来，智和志

---

① 习近平：《在北京市八一学校考察时的讲话》，《人民日报》2016年9月10日。

就是内力、内因。"①

习近平总书记曾在不同场合直接或间接对在教育公平问题上重点帮扶弱势群体及其相关问题作出指示，让贫困人口、残疾人等弱势群体同全国人民一道进入全面小康社会是我党的庄严承诺。不忽视和无差别地对待这部分人群对教育的需要，分析影响和阻隔这部分人群享受教育公平、实现自我发展的突出短板和薄弱环节，全面实施教育精准扶贫，完善国家资助政策体系，"三避免一落实"防控义务教育学生失学辍学，为斩断贫困的代际传递夯实根基，不断扩大残疾人受教育的机会，让新时代的教育公平更有温度。

习近平总书记在早年所著的《摆脱贫困》一书中阐发了"脱贫"、"扶贫"的重要意义和实现途径。他在该书中指出，"弱鸟可望先飞，至贫可能先富，但能否实现'先飞''先富'，首先要看我们头脑里有无这种意识。"

贫困尤其是深度贫困地区，长期贫困的原因是多方面的，除了地理位置偏僻、自然条件恶劣以及历史文化因素以外，无内生发展动力和"造血功能"是真正的根源。教育事业于经济社会发展和民族振兴而言是基础性和先驱性的，于个人而言，更是提高自我、突破自我最重要的途径，是挣脱贫困枷锁的有力武器。贫穷来源于愚昧，安于现状的生活方式、一成不变的思维模式和顽固不化的观念意识成为贫困人口在穷困潦倒中挣扎煎熬的最主要原因。他们生活清苦，没有能力也不愿将维持生活的金钱让孩子接受教育，于

---

① 《习近平谈治国理政》第二卷，外文出版社 2017 年版，第 90 页。

是，孩子们没有了改变自己的"筹码"，就要沿着父母贫困的老路继续前进，在贫困的"泥潭"里无休止挣扎，形成恶性循环。"发展教育脱贫一批，治贫先治愚，扶贫先扶智，国家教育经费要继续向贫困地区倾斜、向基础教育倾斜、向职业教育倾斜，帮助贫困地区改善办学条件，对农村贫困家庭幼儿特别是留守儿童给予特殊关爱。"① 这是习近平总书记在对坚决打赢脱贫攻坚战中通过实施"五个一批"工程来解决好"怎么扶"问题时做出的指示。"治贫先治愚，扶贫先扶智"可以说是准确地概括了教育在脱贫攻坚战中的根本作用和重要意义。教育不仅能通过培养劳动技能提升生活质量，亦能消除精神贫困，提升思想文化境界。只有通过教育来拔除思想上的穷根，解决内生动力不足的问题，才能根本性地阻断贫困代际传递、消除贫困，进而巩固脱贫成果，通过教育的持续作用防止脱贫再返贫的现象发生。

残疾人是社会的弱势群体，教育公平不能忽略特殊教育对象的存在，这样才能体现教育公平的全纳性。社会对残疾人群体的关爱往往从其身心发展出发，着眼于他们的生理缺陷所产生的特殊关爱需要，但实际上通过教育来追赶和补齐他们与普通人之间的差别，更能从根本上缩小他们与普通人之间的差距。党的十八大以来，残疾人受教育机会已经不断扩大，盲、聋、智障三类残疾儿童的义务教育入学率已经达到 90% 以上。② 但高等教育方面，据我国第六次

---

① 《习近平谈治国理政》第二卷，外文出版社 2017 年版，第 85 页。
② 陈宝生：《落实好十九大精神 办好人民满意教育》，《中国教育报》2017年 10 月 23 日。

人口普查数据，全国每 10 万居民中有大学文化程度的有 8930 人，占比为 8.93%，据第二次全国残疾人抽样调查，有大学文化程度的残疾人仅有 1.47% ①。

虽然近几十年残疾人接受高等教育的比例有了大幅提高，但相比普通居民接受大学教育的比例，残疾人接受高等教育的比例仍差距较大。有学者对 28 个省级行政区 2465 名残疾人进行采访调查发现，随着特殊教育的快速发展，残疾人参加高考规模和高等特殊教育院校数量快速增长，但仍存在入学方式单一、单考单招成本高、专业设置偏窄、考试科目和课程标准不统一、对合理便利性内涵的理解存在偏差等问题 ②。提升新时期的教育公平，须重点帮扶弱势群体，用好教育这一缩小社会群体差别的杠杆，从而体现教育公平的温度，实现教育的全纳性。

四、提升新时代教育公平的政策建议

（一）保证持续投入：发挥政府力量的强力推动

教育公平问题存在的实质是教育作为相对稀缺社会资源的分

---

① 国家统计局：《第六次全国人口普查》，见 http：//www.stats.gov.cn/ztjc/zdtjgz/zgrkpc/dlcrkpc/dcrkpcyw/201104/t20110428_69407.htm。

② 陆莎、傅王倩：《论社会公平视野下的残疾人高等教育》，《中国特殊教育》2014 年第 3 期。

配不均导致的结果差异。回首我国教育公平水平的不断提升，从追求教育权利的平等到追求入学机会的平等再到"有学上"实现以后"上好学"的教育质量的追求，教育公平实现程度的不断突破都离不开政府力量的强力推动。从教育资源供给者和分配者的角色看，政府行为总是能通过隐形的教育价值观念、意识形态等无形形式或者正式出台的教育方针、政策、法律等有形形式控制和影响教育资源的分配。因此，任何时候教育公平的实现程度，政府行为和力量都是真正的推动者，扮演着重要角色，发挥着无可替代的作用。

政府力量的强力推动首先表现在持续、稳定和满足现实发展需要而相应增加的教育财政投入，这对切实减少教育不公平起着十分有效和关键的作用。有学者基于中国教育追踪调查（CEPS）2013—2014 年基线数据，从教育公平的视角分析和考察了财政投入对学生学业成就及教育结果不平等的影响后发现，生均公用经费对学生标准化测试成绩的影响呈现倒"U"形结构，其正向效应在农村地区显著；增加生均公用经费能显著降低家庭经济收入对学生学业成就的影响，从而起到改善教育结果不平等的作用；免除书本费、提供免费午餐、为贫困生提供补助对于缩小学校间学生学业成就差距扩大均有"补差效应"。由此，要建立以公平、科学为价值取向的教育财政体制机制，健全和完善城乡统一、重在农村的义务教育经费保障机制；深入推进城乡统一的义务教育学生"两免一补"政策，重点提高家庭经济困难学生资助水平，确保教育财政投入实现"精准补差"；建立优质教育资源共建共享体系，充分发挥教育财政投入对缩小城乡、区域、校际教育差距的杠杆作用。①

政府力量对教育公平的强力推动还体现在通过国家层面的教育政策全面规划和及时修正教育资源另一主要提供者——市场机制。包括运用一系列的办法、意见、条例、地方或区域的教育政策设计和宏观调控市场机制。尤其是当教育资源的稀缺性在市场机制作用下表现为供不应求，而弱势群体在与相对优势群体争夺优质教育资源里表现出天赋性差距时，政府要通过宏观干预的手段及时补偿，防止群体之间差距的不断扩大、社会分层的强化或固化导致贫困代际传递，甚至弱势群体干脆被排斥在教育系统之外。因此，政府在进行教育资源的均衡配置时必须首先保证教育财政等的持续投入，保证教育优先发展的战略地位不动摇，根据各级各类教育的性质、发展目标和发展现状，定量研究4%目标实现后财政性教育经费在各级各类教育中的分配。② 其次，在教育资源投向上格外重视运用制度、政策等手段进行宏观修正和调控，规范教育行为有利于维护捍卫教育公正，且将公正原则融入制度设计之中。

（二）培养内生动力：增强抵御教育不公平的能力

中国的教育资源供给在先后经历了"国家独揽"、"市场主导"以及"国家＋市场＋家庭三方共同提供"的三个阶段后，教育公平

---

① 郅庭瑾、陈纯槿：《教育财政投入，如何改善教育结果不平等》，《光明日报》2017年6月22日。

② 杨银付：《努力办好人民满意教育的若干思考》，《教育研究》2013年第1期。

的实现程度也相应经历了从"低水平的公平"到"教育不平等增加"再到"不平等再生产"三个阶段。①

政府、市场与家庭作为三个主要的影响教育资源分配和供给因素，教育公平的实现是三方力量共同作用、互相影响、争夺和转移的结果，可相比于政府、市场那样的制度安排机制，家庭因素作为非制度安排机制，在现代社会发展中对教育公平实现的影响逐渐加大。家庭同时具备教育供应者和消费者的角色，随着社会工业化和职业分化的不断加剧，个体社会地位和自我实现程度与自身受教育程度、父母受教育程度等原生家庭掌握的教育资源状况有着紧密的联系，家庭背景本身就成为一种社会资源，对教育公平产生了再生产的作用，影响子女对教育资源的获取，影响所处阶层的上下浮动，进而影响整个社会的公平正义。

如果不培养家庭中抵御教育不公平的内生动力和自我发展能力，那么即使政府的政策设计、价值引导都强调公平正义，可在市场机制的作用下，家庭也会因其不具备实现超越和提升自我状况的能力水平而使自身阶层固化，导致贫困代际传递。在现如今"国家＋市场＋家庭"共同主导的群体参与教育再生产不平等阶段，政府在保证对教育公平施加正向效应的基础上，通过宏观调控和有效监管保证市场机制不能够不合理地扩大教育不公平，而家庭这一方就要通过培养内生动力来有效和从根本上提升抵御教育不公平的能力。政府的政策干预某种程度上只是对教育不公平现象的弥补，通过找回

---

① 文军、顾楚丹：《教育公平向何处去？——基于教育资源供给三阶段的思考》，《国家教育行政学院学报》2017 年第 1 期。

和有效提升实现教育公平的主体的主观能动性和能力，才能使教育真正走向充分的公平和平等的充分。"治贫先治愚，扶贫先扶智"，要保证先赋性弱势群体在教育公平的实现上不被制度和体系排斥在外，新时期仍然要保持向薄弱学校倾斜、缩小校际差距，向农村倾斜，缩小城乡差距，向边远、贫困、民族地区、中西部地区倾斜。在缩小区域差距的"三个倾斜"的基础上，注重通过教育培养劳动技能、塑造从根本上提升生活质量的内生动力和自我发展能力，通过教育提升思想文化境界，防止"等、靠、要"的消极思想，通过教育的持续作用防止脱贫再返贫。

（三）冲破制度瓶颈：营造教育公平的制度环境

教育事业作为社会发展事业的一个方面，其公平程度的实现不仅靠教育系统内部的保障和调整，外部社会环境尤其是对教育公平的支持系统、制度制约等有着深刻影响甚至是直接壁垒。只有从实践层面思考通过何种社会政策减弱并消除阻碍教育公平实现的社会因素，才能为教育公平的实现和提升营造更优的支持环境。

户籍制度最初的功能是人口信息登记与管理的工具，然而我国的户籍制度一度作为规制人口从农村向城市流动的手段，所以与各类资源分配、福利和就业等紧密捆绑起来，由此所造成的"城乡二元结构"成为阻碍城乡教育公平和新型城镇化背景下的从农村流入城市学生因户籍阻碍无法享受与当地学生一样的入学机会，"有教无类"成为一种奢望。只有打破城乡教育二元结构的制度瓶颈，才能化解城乡教育二元结构，实现城乡教育的一体化。对于传统的城乡教育公平的阻隔，城乡教育二元结构的外在表现就是城乡分割、分离、分治，要实现城乡教育的一体化，首先在教育管理制度上必须统筹管理城乡教育，一体规划，终止分治。同时，在办学制度上必须打破城乡壁垒，促进城乡教育的双向沟通和良性互动，探索城乡学校交流合作的新模式，探索城市教育支持农村教育发展的新机制。①

如构建可操作的人口流出地流入地政府间协调监督机制，以"人"为本建立灵活的随迁子女学籍信息管理系统。各级政府部门之间加强交流合作与相互协调，加快人口信息平台的共享共建，由"碎片化"管理走向"整体性"管理。充分利用各部门掌握的人口信息，把握流动人口及其随迁子女的变动趋势和生存发展状况，科学合理地制定义务教育发展规划。再如剥离户籍制度背后依附的权利和福利。在人口迁移流动成为一种普遍常态的社会现实下，原有的户籍制度早已不能适应社会的发展。户籍制度的改革应回归户籍作为人口登记统计的功能，将其简化为居住登记制度，取消针对非城市户籍人口的各项歧视性管理，分离户籍制度与其所依附的福利和权利的关系。②

营造有利于教育公平的社会环境作为一项牵一发而动全身的综

---

① 褚宏启:《教育制度改革与城乡教育一体化——打破城乡教育二元结构的制度瓶颈》,《教育研究》2010 年第 11 期。

② 郅庭瑾、尚伟伟:《新型城镇化背景下义务教育基本公共服务均等的现实困境与政策构想》,《华东师范大学学报（教育科学版）》2015 年第 2 期。

合治理改革绝非易事，但只有适时从根源上超越政策局限，摒弃不合时宜的、跟不上新时代社会发展变化的制度藩篱，才能从真正意义上构建全纳性的教育公平，才能让每一个孩子真正享有蓝天下人生出彩的机会，才能超越提升现实社会状况和个人状况，实现教育的本质追求，即人的自我实现和全面发展。

（四）促进内涵建设：确保每一所学校都优质

新时代我国教育公平问题存在的实质是人民群众普遍追求的优质教育同优质教育资源本身相对稀缺和分配不均导致的结果差异。由此衍生出的"学区房"、"择校热"等饱受舆论关切的社会现象正是体现了作为社会细胞的家庭渴望孩子"上好学"的心切。一些地方教育行政管理部门充分发挥地方创新的教育智慧，通过"学区化"、"集团化"、"城乡一体化"等路径来使优质教育资源的覆盖面能够扩大或通过"以强带弱"、"委托管理"等使原本处于劣势的教育供给在先进带领和示范下变得优质，归根结底，这些路径都殊途同归地指向了一点，即让每一所学校都优质。如果每一所学校都能提供遵循教育规律、符合人民期待、满足人民需求的优质教育，那么类似于"择校热"、"学区房"等很多时代性的教育公平问题都会得到根本上的缓解和消除。提升新时代的教育公平，最根本的是要促进学校的内涵建设，转变教育发展方式，让每一所学校都优质。

办好每一所学校，要以优质教育的新含义要求每所学校，用办好每所学校替代以往重点学校建设制度。不能盲目地以学校办学条件的更新与提升为优质教育的主要指标，也不能以简单的升学率为唯一依据。优质教育应该以是否每个青少年学生都健康成长和全面发展为评价依据，是否能够"培养德智体美劳全面发展的社会主义建设者和接班人"为判断标准。① 让每一所学校都成为优质学校需要坚持以提高质量、优化结构为特征的内涵式发展。② 一是要坚持立德树人的核心地位不动摇。党的十八大首次把"立德树人"写入党的全国代表大会报告，明确为现代教育的根本任务。③ 党的十九大报告再次指出，"要全面贯彻党的教育方针，落实立德树人根本任务，发展素质教育，推进教育公平，培养德智体美全面发展的社会主义建设者和接班人。"二是切实加强教师队伍建设。高质量的教师队伍是高质量教育的基础和关键因素，"择校"问题很多时候不是择学校设施设备等外在条件，而是择师资。三是建立长效的评估监管机制。包括对师资队伍、教学质量、入学机会均等等方面，从而以评促建，持续改进。

---

① 朱益明：《推进公平而有质量的教育》，《光明日报》2018 年 3 月 12 日。

② 中国教育学会会长钟秉林在中国教育学会第 30 次学术年会上的发言（2017 年 11 月 18—19 日）。

③ 瞿振元：《发展具有中国特色世界水平的现代教育》，《人民日报》2014 年 9 月 10 日。

第八章　打造新时代高素质专业化教师队伍

我国有 1500 多万专任教师，将其建设成为一支充满活力的高素质专业化队伍，是我国全面提升国民素质和人力资源质量，建成教育强国、实现中华民族伟大复兴中国梦的根基。

党的十八大以来，习近平总书记把握国际大势，立足中国实际，紧紧围绕教育的根本问题，即"培养什么样的人、如何培养人以及为谁培养人"的问题。在"谁来培养人"这个问题上凸显了教师队伍建设的重要性。

习近平总书记从历史唯物主义与辩证唯物主义的高度对教师本质进行了科学的阐述。在他看来，今天的学生就是未来实现中华民族伟大复兴中国梦的主力军，广大教师就是打造这支中华民族"梦之队"的筑梦人。希望全国广大教师牢固树立中国特色社会主义理想信念，带头践行社会主义核心价值观，自觉增强立德树人、教书育人的荣誉感和责任感，学为人师，行为世范，做学生健康成长的指导者和引路人；牢固树立终身学习理念，加强学习，拓宽视野，更新知识，不断提高业务能力和教育教学质量，牢固树立改革创新意识，踊跃投身教育创新实践，为发展具有中国特色、世界水平的现代教育作出贡献。他明确要求"全社会要大力弘扬尊师重教的良好风尚","使教师成为最受社会尊重的职业","充分信任、紧紧依靠广大教师,支持优秀人才长期从教、终身从教";将教师社会地位提高到前所未有的高度。习近平总书记还强调要"改善教师待遇,关心教师健康,维护教师权益"①。

党的十九大报告提出"加强师德师风建设,培养高素质教师队伍,倡导全社会尊师重教",这为我国今后教师队伍建设的发展指明了方向。百年大计,教育为本;教育大计,教师为本。

一、改革开放以来我国教师队伍建设的发展历程

改革开放以来,我国教育事业以社会主义现代化建设为核心,取得辉煌成就。教师队伍建设工作取得巨大进步,比较好的适应了经济社会发展需求,在优先发展、体制改革、质量公平方面取得了巨大突破,有力地支撑起全世界最大规模的教育体系。

(一)改革开放以来我国教师队伍建设的发展阶段

改革开放以来,我国教师队伍建设发展历程经历了恢复

---

① 《习近平向全国广大教师致慰问信》,《人民日报》2013 年 9 月 10 日。

和调整阶段、巩固和提高阶段、发展和创新阶段、全面振兴
阶段。①

1. 恢复和调整阶段（1978—1984 年）

1978 年，党的十一届三中全会胜利召开，我国教师队伍建设
从此进入了拨乱反正的历史发展时期。1978 年 10 月，原国家教委
颁布《关于加强和发展师范教育的意见》，指出大力发展师范教育
是发展教育事业、提高教育质量的一项基础工程，必须给予高度重
视。要求各地建立师范教育网，积极扩大招生，认真制订师范教育
五年发展规划。

1980 年 8 月，教育部在《关于进一步加强中小学在职教师培
训工作的意见》中作出规定：从实际出发，把长远的文化、专业知
识的系统学习和搞好当前教学工作的教材教法学习结合起来，加强
教师的教学工作。②1984 年，《中共中央关于经济体制改革的决定》
确定了建立一支有足够数量的、合格而稳定的师资队伍，是实行义
务教育、提高基础教育水平的根本大计。③

这一阶段出台的一系列教师政策，其主要目的是为了调整和纠
正自"文化大革命"以来的错误思想和做法，恢复师范教育，使教
师队伍建设事业恢复正轨。

---

① 袁佰福：《改革开放以来我国教师教育政策的变迁及其启示研究》，《黑龙
江教育学院学报》2010 年第 12 期。
② 陈永明：《教师教育研究》，华东师范大学出版社 2002 年版，第 102 页。
③ 何东昌：《中华人民共和国重要文献》，海南出版社 1998 年版，第 364 页。

2.巩固和提高阶段（1985—1999 年）

1985 年 5 月，中共中央颁布《关于教育体制改革的决定》，要求把发展师范教育和培训在职教师作为发展教育事业的战略措施。1986 年《中华人民共和国义务教育法》规定，国家采取措施加强和发展师范教育，加速培养、培训师资，有计划地实现小学教师具有中等师范学校毕业以上水平，初级中等学校的教师具有高等师范专科学校毕业以上水平，国家建立教师资格考核制度，对合格教师颁发资格证书。同年《关于基础教育师资和师范教育规划意见》明确提出了基础教育师资的要求和规划任务。

1993 年 2 月颁布的《中国教育发展和改革纲要》提出要进一步加强师资培养培训工作。自此以后，党和政府根据我国当时的国情相继制定了一系列与我国中小学教师队伍建设相关的政策文件，主要有《中华人民共和国教师法》（1993 年）、《中华人民共和国教育法》（1995 年）、《教师资格条例》（1995 年）、《关于师范教育改革和发展的若干意见》（1996 年）、《高举邓小平理论伟大旗帜，把建设有中国特色社会主义事业全面推向二十一世纪》（1997 年）、《面向 21 世纪教育振兴行动计划》（1999 年）、《中共中央国务院关于深化教育改革全面推进素质教育的决定》（1999 年）等综合性教育政策文件。在这一系列的政策法规的作用下，我国的教师队伍建设事业进入了一个飞速发展的时期，为中国的教育事业顺利进入新世纪作出了突出贡献。

3. 发展和创新阶段（2000—2018 年）

2000 年，教育部颁布《教师资格条例实施办法》，教师资格制度在全国开始全面实施。2002 年 2 月，《关于"十五"期间教师教育改革与发展的意见》也将师资培训目标进一步调整为发展教师的创新精神和实践能力。2004 年 3 月教育部《2003—2007 年教育振兴行动计划》，配合基础教育课程改革和农村中小学现代远程教育计划，其宗旨是提高中小学教师教育技术应用能力和水平，建立中小学教师教育技术培训和考试认证制度，组织开展以信息技术与学科教学有效整合为主要内容的教育技术培训，全面提高广大教师实施素质教育的能力水平。

2005 年，教育部启动《中小学教师教育技术能力标准》，计划用三至五年时间利用多种形式和手段，组织全国中小学教师完成不低于 50 学时的教育技术培训，显著提高教师在教学中有效地应用信息技术的能力。

2007 年 3 月 5 日，温家宝在政府工作报告中提出实行师范生免费教育，鼓励优秀青年终身从事教育工作。2007 年 5 月 9 日，教育部、财政部、中央编办、人事部联合颁布了《教育部直属师范大学师范生免费教育实施办法（试行）》。

2010 年，《国家中长期教育改革和发展规划纲要》明确提出，要加强教师队伍建设，提高教师业务水平和师德水平，健全教师管理制度等，体现了国家对于教师教育的重视。

2012 年，国务院颁布了《关于加强教师队伍的意见》，从"加强教师思想政治教育和师德建设"、"提高教师专业化水平"、"健全教师管理制度"、"保障教师合法权益和待遇"、"确保教师队伍建设政策措施落到实处"等角度对教师队伍发展提出了一系列要求。2014 年，教育部颁发了《关于实施卓越教师培养计划的意见》，推动教师教育综合改革，全面提升教师培养质量。

4. 全面振兴阶段（2018 年至今）

2018 年，中共中央、国务院颁布《关于全面深化新时代教师队伍建设改革意见》。这是十九届中央深改组第一次会议审议通过的文件，也是新中国成立以来党中央出台的第一个专门面向教师队伍建设的文件，具有里程碑式的重大意义。

这份文件的出台将教师队伍建设工作提到了前所未有的政治高度，标志着教师队伍建设"极端重要性"的战略地位成为共识，我国教师队伍建设迎来了前所未有的战略机遇期；标志着教育事业发展重心由重视硬件投入转向重视教师发展，教师队伍建设真正迎来了新时代。

文件要求"各级党委和政府从战略和全局高度充分认识教师工作的极端重要性，把全面加强教师队伍建设作为一项重大政治任务和根本性民生工程切实抓紧抓好"。教师队伍建设进入全面振兴阶段。

（二）改革开放以来我国教师队伍建设的主要特征

1. 教师队伍不断壮大，教师素质不断提升

改革开放以后，党和国家高度重视教育工作，坚持教育为本，

把科技和教育摆在经济、社会发展的重要位置。教育的发展离不开教师，国家对教师队伍建设工作也予以极高的关注。在这种形势下，越来越多的人加入到教师队伍中来，在各个教育阶段，教师队伍都有了明显提高。如表 8-1 所示：

表 8-1　各级学校专任教师数

单位：万人

年份	小学	普通初中	普通高中	普通高等院校	总计
1978	522.55	244.07	74.13	20.6	861.35
1988	550.13	240.27	55.69	39.3	885.39
1998	581.94	305.47	64.24	40.73	992.38
2006	558.76	346.35	138.72	117.91	1161.74
2010	564.58	352.34	151.82	134.31	1203.05
2016	578.91	399.75	173.35	160.20	1312.21

数据来源：教育部网站教育统计数据。

从表 8-1 可以看出，改革开放 40 年来不论是小学、普通初中、普通高中阶段还是普通高等院校，专任教师的数量都呈不断增长的趋势，在这些数字的变化上就可以看出我国教师队伍的逐渐壮大。

另外，教师的学历水平也在不断提升。以普通初中专任教师的学历水平为例：2000 年，普通初中专任教师共有 3248608 人，其中有本科以上文凭（包括本科）的有 460527 人，占总数的 14.18%；专科学历的老师有 2368424 人，占到 72.91%；中专毕业的专任教师有 356705 人，占教师总数的 10.98%；高中毕业及以下的学历水平的教师也有 62952 人，占 1.93%。到了 2010 年，普通初中专任教师共有 3523382 人，其中有本科以上文凭（包括本科）的有 2256773 人，占据比例高达总数的 64.05%，其中研究生学历的就有 22681 人；专科学历的有 1219068 人，占到 34.6%；高中毕业及以下学历的仍然有 47541 人，但所占比例只有 1.35%。[①] 这些数据清晰地反映出这 10 年来，我国初中教师的学历水平不断提升。

2. 教师教育从封闭走向开放多元·

改革开放之后，我国教师教育体系由封闭的师范教育走向开放多元的教师教育体系。教师教育在内涵上包括职前培养与在职教育两方面的内容，伴随着终身学习理念的不断深入，我国的教师教育全面展开，从师范教育到教师教育这一概念的转变就可窥见一斑，如今的教师教育在各方面多层次发展起来。

第一，教师教育的培养目标由重"量"到重"质"的转变。"文革"期间，我国刚刚起步发展的教育事业遭到了重创，师范院校在全国范围内被大量削减。为了尽快恢复教育发展，保障中小学教学工作的稳步进行。1978 年，教育部颁布了《关于加强和发展师范教育的意见》指出，办好师范教育是"发展教育事业，提高教育质量的基本建设，是百年大计"，鼓励大力发展师范教育。1985 年，《中共中央关于教育体制改革的决定》明确规定："从幼儿园师范到高等师范的各级师范教育都必须大力发展和加强。师范院校要

---

① 根据《中国教育统计年鉴》相关数据整理。

坚持为初等和中等教育服务的办学思想。"这些文件的目标都在于大力发展师范教育,其重点首先就是稳步增加教师数量。这一阶段的重要特征是师范学校和学生数量持续增长。据统计,高等师范学校 1978 年,有 157 所在校学生 25 万,之后逐年上升,到 1988 年,高师院校数量增加到 262 所,在校学生数达到 49 万,10 年间学生数增长了近一倍。①

经过几年的恢复,教师数量已基本满足需要,这时教师政策目标转向了对教师质量的要求。如 1986 年《中华人民共和国义务教育法(草案)》提出实施业务教育的关键是"建立一支数量足够、质量合格、结构合理并相对稳定的教师队伍"。2010 年《国家中长期教育改革和发展规划纲要(2010—2020 年)》明确提出:"提高教师业务水平。完善培养培训体系,做好培养培训规划,优化队伍结构,提高教师专业水平和教学能力。通过研修培训、学术交流、项目资助等方式,培养教育教学骨干、'双师型'教师、学术带头人和校长,造就一批教学名师和学科领军人才。"从注重数量目标到注重质量目标,是与我国社会与教育的发展相适应的,体现了我国教师教育培养目标的时代性。

第二,教师在职培训与进修不断加强。在改革开放以后的 1980 年,教育部发布了《关于进一步加强中小学在职教师培训工作的意见》;1991 年,国家教委发布了《关于开展小学教师继续教育的意见》;1993 年,《中国教育改革和发展纲要》指出,要制订教

---

① 朱旭东等:《中国教育改革 30 年(教师教育卷)》,北京师范大学出版社 2008 年版。

师培训计划，促进教师特别是中青年教师不断进修提高，使绝大多数中小学教师更好地胜任教育教学工作。到20世纪末，通过师资补充和在职培训，使95%以上的小学教师和80%以上的初中教师达到国家规定的合格学历标准，小学和初中教师中具有专科和本科学历者的比重逐年提高。这既对教师的培训工作提出了新要求，又设置了新目标。随后，在1995年颁布的《中华人民共和国教育法》中，也将"通过培养和培训提高教师素质，加强教师队伍建设"以法律条文的形式确定下来。

1999年9月13日，教育部又颁布实施了《中小学教师继续教育规定》，该文件指出：参加继续教育是中小学教师的权利和义务，各级人民政府教育行政部门要采取措施，坚持因地制宜、分类指导、按需施教、学用结合的原则，依法保障中小学教师继续教育工作的实施；中小学教师继续教育原则上每5年为一个培训周期，主要内容包括：思想政治教育和师德修养、专业知识及更新与扩展、现代教育理论与实践、教育科学研究、教育教学技能训练和现代教育技术、现代科技和人文社会科学知识等；国务院教育行政部门宏观管理全国中小学继续教育工作，指导各省、自治区、直辖市中小学教师继续教育工作，地方各级人民政府教育行政部门要保障中小学教师继续教育经费拨款，并建立中小学教师继续教育考核和成绩等级制度。

2000年以后，教育部又先后印发《中小学教师继续教育工程方案（1999—2002）》（2000年）、《关于"十五"期间教师教育改革与发展的意见》（2002年）、《关于加强专科以上学历小学教师培养工作的几点意见》（2002 年）、《2003—2007 年中小学教师全员培训计划》，这些都对教师的继续教育提出了具体要求，对教师队伍的整体建设发挥了积极作用。

教育部组织实施中小学教师国家级培训计划，成效显著。2007年教育部组织实施"援藏"和"援疆"培训，"送培进藏"、"送培进疆"。组织实施"西部农村中小学教师国家级远程培训计划"，为西部农村 12 万多名教师提供专题培训。2008 年实施"中小学教师国家级培训计划"，一是实施"援助西部边远地区骨干教师培训专项计划"。采取对口支援形式，"送培到省，集中培训"，为西部集中培训约 1万名农村骨干教师，同时通过光盘资源覆盖培训近 100 万名农村教师。二是实施"援助地震灾区教师培训计划"。培训四川地震灾区2000 名骨干教师，取得良好效果。三是实施"普通高中课改实验省教师远程培训计划"。对 8 万名高中教师进行专项培训，提高实施新课程的能力。四是实施"中西部农村义务教育学校教师远程培训计划"。依托"农远工程"，组织中西部 24 个省份 150 个县 20 万名农村语文等学科教师进行专项培训。五是实施"中小学班主任专项培训计划"。培训 100 个县 1 万名中小学骨干班主任教师。六是实施"西部农村中小学体育教师培训计划"。对西部 13 个省份 600名初中体育骨干教师进行基础专业技能与教学技能培训，促进了全国的教师培训。

第三，教师的教育技术能力不断提升。为适应信息化社会的发展要求，以信息化带动教育现代化，促进教师教育跨越式的发展，积极推进教育信息化建设是一项紧迫的重要任务。教育部于 2002

年 3 月发布《关于推进教师教育信息化建设的意见》，这是进入 21 世纪以来，我国第一次提出有关教育事业信息化建设的意见。该文件提出，以科学研究为先导，积极探索和构建现代信息技术环境下教师教育教学与教学管理新模式；加强领导、管理和评估，对教师教育的信息化建设起到积极作用。

2004 年 9 月，教育部发布《关于加快推进全国教师教育网络联盟计划，组织实施新一轮中小学教师全员培训的意见》。实施教师网联计划，有效提升了教师队伍特别是农村教师队伍整体素质。同年 12 月，教育部又印发《中小学教师教育技术能力标准（试行）》，这是我国颁布的有关教师的第一个专业能力标准。它的颁布和实施对开展中小学教育技术培训，提高教师专业化水平，推进教育信息化具有重要意义。2005 年，教育部办公厅转发《中央广播电视大学关于实施教师网联计划，进一步加强和改进教师教育工作意见的通知》，并且在广泛征求各方面意见的基础上，研究制定了《中央广播电视大学关于实施教师网联计划，进一步加强和改进教师教育工作的意见（试行）》，指出各地教育行政部门要重视利用中央广播电视大学的办学特色和资源优势，充分发挥电大系统在构建我国灵活开放的教师终身学习体系，开展现代远程教师培训中的重要作用。

3. 农村教师队伍建设成为愈发重要的政策议题

农村教育工作一直是我国基础教育改革的一个薄弱环节，近年来，党和国家更加关注三农和民生问题，将提高农村经济水平和农民生活水平作为国家经济政治工作的重中之重，发展农村教育事业是改善农村落后局面的根本途径，因此加强农村教师队伍建设也成为教师队伍建设的重中之重。

为解决农村师资薄弱的问题，教育部采取"引进来、走出去"的做法，即为农村学校培养教育硕士师资，大力推进城镇教师支援农村教育工作。2006年2月，教育部印发《关于大力推进城镇教师支援农村教育工作的意见》，并于当年3月又下发了《关于做好2006年为农村学校培养教育硕士师资工作的通知》。此外，2007年5月，国务院决定在教育部直属师范大学实行师范生免费教育，即从2007年秋季入学的新生起，在北京师范大学、华东师范大学、东北师范大学、华中师范大学、陕西师范大学和西南大学六所部属师范大学实行师范生免费教育。通过部属师范大学的试点，积累经验、建立制度，为培养造就大批优秀教师和教育家奠定基础。免费师范生入学前要与学校和生源所在地省级教育行政部门签订协议，承诺毕业后从事中小学教育10年以上。到城镇学校工作的免费师范毕业生，应先到农村义务教育学校任教服务2年。国家鼓励免费师范毕业生长期从教、终身从教。这项政策不仅加强了农村中小学师资力量，也从整体上促进了我国中小学教师队伍的水平。自2008年开始，国家又启动了"中小学教师国家级培训计划"，培训计划主要包括教育部支持西部边远地区骨干教师培训专项计划、普通高中课改实验省教师远程培训计划、中西部农村义务教育学校教师远程培训计划、中小学班主任专项培训计划、中小学体育教师培训计划等5项计划。这些专项计划的实施为我国中小学教师实现专业化发展提供了良好契机，也是教师队伍建设工作的突出成就之一。

2015 年，国务院印发中央深改组审议通过的《乡村教师支持计划(2015—2020 年)》，把"发展乡村教育"作为"阻止贫困现象代际传递"的重要抓手，充分彰显了攻坚教育底部、力促教育公平的决心与魄力。《乡村教师支持计划（2015—2020 年)》最直接的意义在于提高乡村教师待遇水平，提升乡村教师职业吸引力，稳定和扩大乡村教师队伍规模，优化乡村教师队伍结构，整体提高乡村教师队伍素质，进而提高农村教育的质量。农村教育是我国实现教育现代化，全面建成小康社会的短板，《乡村教师支持计划（2015—2020 年)》正是有针对性地推动农村教育发展的重大举措，对于推进城乡教育一体化发展，教育公平和教育现代化具有重大意义。①

4. 保障提高教师待遇，有效建立奖励制度

待遇保障和荣誉制度是教师队伍建设的关键。改革开放以来，我国构建了系列制度来保障教师的权益，激发教师的工作热情和积极性。

第一，教师待遇保障制度。教师工资待遇问题是事关教师生计的大问题，教师的待遇在某种程度上决定着教师地位的高低。改革开放以来，党和政府非常重视提高中小学教师的待遇，制定了一系列改善中小学教师待遇的措施。这些措施有力地改善了中小学教师的工作和生活条件，从而为中小学教师更加积极地投身教育事业奠定了良好的基础。

《中华人民共和国教师法》第六章对教师的待遇问题作了明确

① 樊香兰：《新中国小学教师队伍发展历史研究》，陕西师范大学 2014 年硕士学位论文。

规定：(1) 教师的平均工资水平应当不低于或高于国家公务员的平均工资水平，并逐步提高，建立正常晋级增薪制度；(2) 中小学教师享受教龄津贴和其他津贴；(3) 地方各级人民政府对教师以及具有中专以上学历的毕业生到少数民族地区和边远贫困地区从事教育教学工作的，应当予以补贴；(4) 对城市教师住房的建设、租赁、出售实行优先、优惠。县、乡两级人民政府应当为农村中小学教师解决住房提供方便；(5) 教师的医疗同当地国家公务员享受同等的待遇；定期对教师进行身体健康检查，并因地制宜安排教师进行休养；(6) 教师退休或者退职后，享受国家规定的退休或者退职待遇；(7) 各级人民政府应当采取措施，改善国家补助、集体支付工资的中小学教师的待遇，逐步做到在工资收入上与国家支付工资的教师同工同酬，具体办法由地方各级人民政府根据本地的实际情况规定。《教师法》、《义务教育法》、《教师资格条例》等相关法规陆续出台，有关教师的法律法规体系框架初步形成，对教师的权利和义务、资格和任用、培养和培训、考核、待遇、奖励、法律责任等方面作出全面的法律规定。《中共中央国务院关于全面深化新时代教师队伍建设改革的意见》提出："核定绩效工资总量时统筹考虑当地公务员实际收入水平，确保中小学教师平均工资收入水平不低于或高于当地公务员平均工资收入水平。"这里提出了一个重要概念，即"实际收入"，这和《教师法》中使用的"平均工资"区别很大。"实际收入"包括了津贴、补贴、奖金等各类收入，而"平均工资"在界定上就有很大的弹性，既可以包括，也可以不包括。《意见》实际上给教师待遇保障提出了更高的要求。如果这份文件执行有力，中小学教师的实际收入水平将进一步提高。

教师的社会地位和经济待遇明显提高，工作生活条件进一步改善。《教师法》、《义务教育法》对保障教师工资水平作了明确规定，特别是将义务教育学校教师工资全额纳入财政保障，并规定不低于当地公务员的平均工资水平。

第二，教师荣誉和奖励制度有效建立。改革开放伊始，为了提高人民教师的政治地位和社会地位，教育部、国家计委印发《关于评选特级教师的暂行规定》，决定开始设立"特级教师"荣誉称号，"特级教师"是国家为了表彰特别优秀的中小学教师而特设的一种体现先进性与专业性的称号。该文件提出对特级教师从两个方面考核：政治考核和业务考核。这要求特级教师不仅具有良好的政治素质，而且要具备扎实的业务素质。评选的比例控制在万分之五以内，可以说对特级教师的考核近乎苛刻。① 但是对特级教师采取诸如提高政治地位和社会地位、提高工资待遇、发挥专长的奖励办法。国家设立了教师节，建立了优秀教师表彰奖励制度，尊师重教的良好社会风尚进一步弘扬。教师职业地位和声望进一步提高，教师正在成为令人羡慕的职业。

（三）改革开放以来我国教师队伍建设的主要经验

改革开放以来，我国教师队伍建设发展迅速，取得了令人瞩目

---

① 张斌贤、李子江：《改革开放 30 年来我国教师教育体制改革的进展》，《教师教育研究》2008 年第 11 期。

的成就。在成就背后，是中国特色社会主义教师队伍建设的有效经验。

1. 坚持优先发展

教师队伍建设对于教育全局和民族振兴具有重大意义。改革开放以来，各级政府将教师队伍建设摆到重要的议事日程，放到优先发展的战略地位。20 世纪 90 年代以后，中央更加重视人才工作，并加强了党对人才工作的领导。国家明确提出人才资源是第一资源的思想，科教兴国战略深入贯彻落实，人才强国战略启动实施，全社会对人才工作的重要性认识更加深刻。作为培养人才的人才，教师的重要性得到了社会各方面的高度认同，为教师队伍建设工作提供了强大动力。①

2. 坚持以人为本

教育以育人为本，以学生为主体；办学以人才为本，以教师为主体。要全心全意依靠教师队伍，聚精会神建设好教师队伍。中国历来就有尊师重教的优良传统，教师被尊称为人类灵魂的工程师，承担着教书育人的社会重任。新的历史时期，我国更是重视和尊敬教师，将教师地位提高到前所未有的程度，向全社会提出明确要求"使教师成为最受社会尊重的职业"。《中华人民共和国职业分类大典》将我国职业归为 8 个大类、1838 个细类（职业）。

---

① 管培俊：《以科学发展观指导教师队伍建设的认识论和方法论问题》，《教育研究》2009 年第 1 期。

教师作为一种职业，是近两千种职业中的一员，能够受到党和国家的如此重视，足见以习近平同志为核心的新一届领导集体对提高教师社会地位的坚强决心和宏伟目标。努力把教师职业打造成为最受社会尊重的职业，体现了对教师队伍建设以及教育工作的高度重视。[①]

3. 坚持专业导向

教师专业化是我国教育发展的客观要求，也是国际教师教育发展的总体趋势。20 世纪 90 年代，随着我国普及义务教育任务的基本完成，教育关注的重点进入了从追求教师数量向提高教师质量的转变，提高教师学历水平和整体素质，成为教师队伍建设、教师教育的主要任务。我国的教师教育进入开放多元阶段，中小学教师逐步打破了从师范院校选拔教师的单一做法，初步形成了师范院校与综合大学共同培养教师的格局，使教师职前培养层次结构重心逐步上移，提高了中小学教师队伍的学历层次和整体素质。

4. 坚持服务基础

教师教育必须面向基础教育，服务、引领基础教育，为中小学提供有力的师资保障。优质的教师可以说是优质教育的重要标志，学校能否为学生提供优质的教育和服务主要看教师的素质高低。在

---

① 申国昌、王永颜：《习近平教师队伍建设思想内涵及其现实意义》，《武汉科技大学学报》2014 年第 12 期。

基础教育必须走均衡发展道路的要求下，教师队伍建设需要注重基础教育领域的教师培养、培训和管理工作。

5. 坚持师德为先

教师素质，师德最重要。我国教师政策始终将师德建设摆在教师队伍建设首要位置，提高教师整体素质。出台系列中小学、高校师德建设长效机制文件，构建覆盖大中小学完整的师德建设制度体系。大力宣传李保国、黄大年等一大批教师典型。

6. 坚持制度建设

坚持依法治教，完善教师职业保障制度，为调动广大教师的积极性、主动性和创造性提供良好的制度环境。由于我国自新中国成立以来缺乏对教师任职资格条件的法制规范，缺乏衡量从业人员政治思想素质、知识结构和工作能力的尺度，致使我国在相当长的时间里，不按教师资格条件录用教师的现象较为普遍，以致大量的不具备教师资格条件者进入教师队伍，教师队伍素质参差不齐，整体素质得不到保证。[①]20 世纪 80 年代后期我国开始酝酿建立教师资格制度。教师资格制度的实施促进了教师来源多元化和高质量的教师储备队伍，为建立起多元化的教师教育体系提供了制度保障，促使我国教师队伍建设逐步走上科学化、法制化和规范化的轨道。

---

① 周冬祥：《论我国教师教育体制改革的进程与发展》，《教育实验与研究》2012 年第 5 期。

二、新时代我国教师队伍建设的新任务和新挑战

（一）师德师风建设任重道远

党的十八大提出，倡导富强、民主、文明、和谐，倡导自由、平等、公正、法治，倡导爱国、敬业、诚信、友善，积极培育和践行社会主义核心价值观。中共中央《关于培育和践行社会主义核心价值观的意见》指出，培育和践行社会主义核心价值观要从小抓起、从学校抓起。坚持育人为本、德育为先，围绕立德树人的根本任务，把社会主义核心价值观纳入国民教育总体规划，贯穿于基础教育、高等教育、职业技术教育、成人教育各领域。

从目前的情况来看，各级各类学校教师的师德师风方面均不同程度表现出了一定的问题，作为教师高尚的道德情操被淡忘，对教育的敬业精神正在丧失，对学生的负责态度正在悄然变化，更有甚者严重违犯了教师的职业道德要求，破坏了教师行业的专业之风。①

（二）教师培养质量有待提高

在"985"、"211"、"协同创新"、"双一流"等高等教育发展

---

① 王昕：《新时代教师队伍建设的政策与策略——访教育部教师工作司司长》，《世界教育信息》2018 年第 1 期。

的国家重大战略中,师范院校被弱化,重点师范大学向综合化发展,地方师范大学向高职化发展,大大削弱了师范教育的办学力量。

尽管教育部提出"十三五"期间,全国 181 所师范院校一律"不更名、不脱帽",聚焦教师培养主业,但我国师范院校发展处境不利、质量有所滑坡的现象对于培养"四有好老师"而言是十分不利的。[①]

(三)教师培训领域缺乏规范

进入 21 世纪以来,随着我国新课程改革的推进,教师培训工作越来越引起了国家的重视,并且建立了体系完备的教师培训体系,从国家级培训到省级培训再到校本培训,培训的形式与内容越来越丰富,对于教师队伍素质的提升起到了十分重要的作用。但现在的问题是,培训的频次越来越多,培训的机构越来越多,培训的内容越来越多,教师对培训工作的意见却越来越多。究竟谁有资格来培训教师?教师需要什么样的培训?教师培训的机构与人员亟须整顿,形成体系完备、科学规范的教师培训制度。

---

① 刘利华:《十八大背景下高校教师队伍建设的思考》,《科学大众》2016 年第 4 期。

三、加强新时代高素质教师队伍建设的政策建议

（一）把师德教育摆在首要位置

进一步采取综合措施，建立长效机制，指导督促各地各校研究制订贯彻落实师德建设系列文件的实施细则办法，推动师德制度建设落到实处，建立师德建设的有效政策体系。

教育行政部门和学校要进一步建立健全师德年度评议制度、师德问题报告制度、师德状况定期调查制度和师德舆情快速反应制度，及时研究加强和改进师德建设的政策和措施。要建立行之有效的多种形式的师德投诉、举报平台，及时获取掌握师德信息动态，及时发现并纠正不良倾向和问题，将违反师德行为消除在萌芽状态。要将师德建设纳入教育督导评估体系，构建学校、教师、学生、家长和社会广泛参与的师德监督体系。

（二）切实提高教师培养的质量

鼓励办学条件好、教学质量高的院校师范专业提前批次录取，对符合政策要求的采取到岗退费或公费培养、定向培养等方式，吸引和选拔乐教适教善教的优秀青年进入师范专业。完善教育部直属师范大学师范生公费教育政策，调整履约任教服务期限。

加大对师范院校的支持力度，适时提高师范专业生均拨款标

准，重点建设一批师范教育基地，办好师范院校和师范专业，建立以师范院校为主体、高水平非师范院校参与的中国特色师范教育体系。① 实施卓越教师培养计划，推进地方政府、高校和中小学"三位一体"协同育人，分类培养高素质专业化的中小学教师、高素质善保教的幼儿园教师、高素质"双师型"的职教教师、高素质创新型的高校教师。此外，还要做好师范类专业认证，以认证促建设，健全质量保障体系。

（三）注重提高教师培训实效性

统筹推进国培项目，分级分层分类开展培训，国培计划集中支持中西部乡村教师提升整体素质，教师素质提高计划重点提升职业院校教师实践教学技能，高校国培项目注重提升西部青年教师教学能力。强化校本教研，发挥教学名师示范带动作用，引领青年教师快速成长。通过领航工程、领雁计划等举措，倡导教育家办学，鼓励教师大胆探索，创新教育理念，改进教学方法，成为学生创新精神的呵护者、创造能力的培育者、创业生涯的指导者。推进县级教师培训机构与教研、科研和电教等教师培训相关部门的整合，建设县级教师发展中心。推进高等学校、培训机构与中小学校教师培训资源整合，建设高水平的教师培训基地。

---

① 朱旭东：《我国教师队伍建设政策对教师教育提出哪些挑战》，《中小学管理》2016 年第 2 期。

（四）深化改革教师管理的体制

创新和规范中小学教师编制配备，盘活事业编制总量，优先保障教育发展需要。深化中小学教师资格考试和定期注册改革，逐步提高中小学教师入职学历。鼓励职业院校专设流动岗，聘用企业家、高科技人才、高技能人才兼职任教。严把高校教师选聘思想政治关，推进职务聘任制改革，实现能进能出。深化职称制度改革，优化中小学中高级教师岗位比例结构，研究在中职学校设立正高级职称，将职称评审权下放至高校并做好相应监管。

深化考核评价制度改革，突出教育教学实绩和师德要求，努力扭转中小学单纯以升学率和学生考试成绩评价教师的倾向，努力扭转高校教师重科研轻教学、重数量轻质量的倾向，引导广大教师潜心教书育人、静心研究学术。

切实落实乡村教师支持计划，鼓励地方政府和相关院校采取多种方式培养"一专多能"的本土化乡村教师。逐步扩大"特岗计划"招聘规模，适时提高特岗教师工资性补助标准。加强培训提升，优化乡村教师培训内容方式，促进专业成长。编制配备向乡村小规模学校倾斜，确保开齐开足国家规定课程。深化"县管校聘"改革。深入实施集中连片特困地区和边远艰苦地区乡村教师生活补助政策。关爱乡村青年教师，稳定乡村青年教师队伍。

（五）真正提高教师地位与待遇

完善中小学教师待遇保障机制，确保教师实际收入不低于当地公务员。关注教师身心健康，提供有效健康服务，让教师健康工作、幸福生活。深化放管服改革，推动管办评分离，充分发挥教师办学治校主体作用。[①] 完善荣誉制度，深入做好教学名师、教育系统先进集体和先进个人、教书育人楷模等评选推选活动，发挥其示范引领作用。

① 王鉴：《我国教师队伍素质研究：问题与对策》，《当代教育与文化》2017年第 3 期。

第九章　构建人人终身学习的社会教育体系

　　党的十八大以来，习近平总书记多次提出要与时俱进，用学习克服"本领恐慌"，既强调学习对党员干部个人本领提升的战略意义，又强调学习对社会发展、民族振兴的紧迫性和现实性。党的十九大报告进一步提出要"办好继续教育，加快建设学习型社会，大力提高国民素质"。在中国特色社会主义走入新时代的今天，强调建设"人人皆学、处处能学、时时可学"的学习型社会，具有顺应世界潮流的普遍意义，是保障和改善民生水平、加强和创新社会治理、提升全体国民素质之需，因而也是新时代中国特色社会主义现代化伟大事业的重要组成部分。

一、习近平总书记关于学习的重要论述

（一）主动来一场"学习的革命"

20 世纪 90 年代，我国党和政府提出了建设学习型社会的目标

和思路，并将之上升到国家发展战略的高度。时至今日，发展终身教育、建设学习型社会已成为支撑个人、组织和社会学习的重要基石。学习型社会已不仅是一个学术概念，更日益成为全面建设小康社会的重要社会实践。如果说小康社会是未来社会的综合性、整体性特征，那么学习型社会则是未来社会的教育和文化特征。①

学习是习近平总书记长期身体力行、大力提倡、反复阐述的一个重大问题。早在 2004 年，习近平总书记就指出了建设学习型马克思主义政党、形成学习型社会的重要性。在浙江工作期间，习近平强调，当今时代，科学技术迅猛发展，各种知识层出不穷，迫切要求我们每个同志特别是领导干部加强学习，提高素质，努力具备符合时代要求的知识结构。构建终身教育体系，形成全民学习、终身学习的学习型社会，是一个关系中华民族能否持续发展、能否实现民族复兴大业的战略问题。②

习近平总书记深刻阐释了终身学习作为一项社会实践的丰富内涵："面对我们的知识、能力、素质与时代要求还不相符合的严峻现实，一定要强化活到老、学到老的思想，主动来一场'学习的革命'，切实把外在的要求转化为内在的自觉，成为自己的一种兴趣、一种习惯、一种精神需要、一种生活方式。"③

在中央党校 2009 年春季第二批进修班开学典礼的讲话中，习近平总书记从人类知识发展的高度，进一步阐述了建设学习型

---

① 陈乃林：《解读学习型社会》，《江苏高教》2004 年第 1 期。
② 习近平：《之江新语》，浙江人民出版社 2007 年版，第 41 页。
③ 习近平：《之江新语》，浙江人民出版社 2007 年版，第 41 页。

社会的时代背景和战略意义。他指出:"当今世界,科学技术日新月异,知识经济方兴未艾,知识总量呈几何级数增长,知识更新速度大大加快,近五十年来人类社会所创造的知识比过去三千年的总和还要多。联合国教科文组织埃德加·富尔先生预言:'未来的文盲,不再是不识字的人,而是没有学会怎样学习的人。'现代人才学中有一个理论叫作'蓄电池理论',认为人的一生只充一次电的时代已经过去,只有成为一块高效蓄电池,进行不间断的、持续的充电,才能不间断地、持续地释放能量。一个人是这样,一个国家、一个社会、一个政党也是这样。正是基于对时代发展趋势的深刻认识和对自身使命的清醒把握,我们党明确提出了建设学习型政党、建设学习型社会的战略目标。"① 在建设中国特色社会主义的新时代,终身学习的意义已超越了个人需求的范畴,它更是一项需要全社会共同参与和奋斗的事业。

习近平总书记在联合国总部举行的"教育第一"全球倡议行动一周年纪念活动上发表的视频贺词中指出:"中国将坚定实施科教兴国战略,始终把教育摆在优先发展的战略位置,不断扩大投入,努力发展全民教育、终身教育,建设学习型社会,努力让每个孩子享有受教育的机会,努力让13亿人民享有更好更公平的教育,获得发展自身、奉献社会、造福人民的能力。"②

---

① 习近平:《在中央党校2009年春季学期第二批进修班暨专题研讨班开学典礼上的讲话》,《学习时报》2009年5月18日。

② 习近平:《在联合国"教育第一"全球倡议行动一周年纪念活动上发表视频贺词》,《人民日报》2013年9月27日。

推进终身教育有赖于多元化的体制和机制，其中之一就是建立终身学习"立交桥"的机制，以便为学习者创设更加灵活的成才道路，激发大众的学习潜能，让每个人找到与社会需求对应的发展位置。在中央全面深化改革领导小组第四次会议论及我国的考试招生和评价制度改革时，习近平指出要"构建衔接各级各类教育、认可多种学习成果的终身学习立交桥"。[①]"终身学习立交桥"即国际上通用的"资历框架"（qualification framework）的概念，其建设内容包括：相关的立法和管理、资历级别和能力标准、资历质量保证和评审机制、资历认证、学分累积和转换，以及过往资历认可等复杂的专业化工作。它既需要学术界的专业支持、政府部门的制度架构，更需要问计于民，遵从教育规律，设计出一个方便大众使用、满足大众需求的终身学习制度。

在学习型社会中，学习与生活融为一体，学习与实践相辅相成。习近平指出，要懂得"学者非必为仕，而仕者必为学"的道理，以"知之者不如好之者，好之者不如乐之者"的态度对待学习，真正把学习作为一种追求、一种爱好、一种健康的生活方式，做到自觉学习、主动学习、终身学习，做到好学乐学。"有了学习的浓厚兴趣，就可以变'要我学'为'我要学'，变'学一阵'为'学一生'。"[②]这是习近平对党内同志投入终身学习的谆谆教导，也是对全体国民参与终身学习的循循善诱。

---

① 《习近平谈治国理政》，外文出版社 2014 年版，第 406 页。

② 习近平：《在中央全面深化改革领导小组第四次会议上的讲话》，《人民日报》2014 年 8 月 19 日。

要培养具有终身学习习惯和能力的人才，"为人师表"的教师首先需要具备终身学习的理念和行动。2013 年 9 月 9 日，习近平在致全国广大教师的慰问信中指出，教师应该"牢固树立终身学习理念，加强学习，拓宽视野，更新知识，不断提高业务能力和教育教学质量，努力成为业务精湛、学生喜爱的高素质教师；牢固树立改革创新意识，踊跃投身教育创新实践，为发展具有中国特色、世界水平的现代教育作出贡献"。习近平为广大教师提出了自身成长的途径和方法，即通过终身学习拓宽视野、更新知识、提升素质，同时，教师的终身学习需要与教育实践和教育创新紧密结合，以不断完善教学实践、追求教学卓越。

在职人员的继续教育是终身教育体系的重要组成部分，也是高素质人力资源发展的重要途径。2015 年 4 月 28 日，习近平总书记在庆祝"五一"国际劳动节大会上指出："我们一定要深入实施科教兴国战略、人才强国战略、创新驱动发展战略，把提高职工队伍整体素质作为一项战略任务抓紧抓好，帮助职工学习新知识、掌握新技能、增长新本领，拓展广大职工和劳动者成长成才空间，引导广大职工和劳动者树立终身学习理念，不断提高思想道德素质和科学文化素质。"[1]

面对不断变化的劳动力市场对从业者技能要求的提升，习近平总书记强调了对各类再就业人员开展培训的重要性，在 2015 年中央经济工作会议上发表重要讲话指出，要"高度重视对农民工、职业

---

[1]　习近平：《在庆祝"五一"国际劳动节暨表彰全国劳动模范和先进工作者大会上的讲话》，《人民日报》2015 年 4 月 29 日。

农民、退役军人等的培训，及时对下岗失业人员进行技能再培训，使劳动者更好适应变化了的市场环境"。

针对女性继续教育的问题，2015 年 9 月 27 日在纽约举行的全球妇女峰会上，习近平向世界承诺要"发展面向妇女的职业教育和终身教育，帮助她们适应社会和就业市场变化"。①

习近平将建设学习型社会与对外开放政策紧密联系起来，传达了做一个学习大国向全世界开放的气度、胸襟和格局。2014 年 5 月 22 日，习近平在上海召开的外国专家座谈会上指出："任何一个民族、任何一个国家都需要学习别的民族、别的国家的优秀文明成果。中国要永远做一个学习大国，不论发展到什么水平都虚心向世界各国人民学习，以更加开放包容的姿态，加强同世界各国的互容、互鉴、互通……对外开放要着眼于人、着力于人，推动人们在眼界上、思想上、知识上、技术上走向开放，通过学习和应用世界先进知识和技术，进而不断把整个对外开放提高到新的水平。"②

2015 年 5 月 25 日，习近平总书记在给青岛举行的"国际教育信息化大会"的贺信中完整表述了学习型社会建设的基本特征，他指出："推动教育变革和创新，构建网络化、数字化、个性化、终身化的教育体系，建设'人人皆学、处处能学、时时可学'的学习

---

① 习近平:《促进妇女全面发展，共建共享美好世界——在全球妇女峰会上的讲话》,《中国妇运》2015 年第 11 期。

② 《习近平在同外国专家座谈时强调：中国要永远做一个学习大国》,《人民日报·海外版》2014 年 5 月 24 日。

型社会，培养大批创新人才，是人类共同面临的重大课题。"

习近平关于加强终身学习、建设终身教育体系的一系列重要论述，是当代中国的"劝学篇"。终身学习只有进行时，没有完成时。学习永远在路上。

（二）学习型政党引领学习型社会建设

学习是文明传承之途、人生成长之梯、政党巩固之基、国家兴盛之要。①重视学习、善于学习，是我们党的优良传统和政治优势，是党始终站在时代前列的重要保证。在中共中央党校建校 80 周年的庆祝大会上，习近平发表了题为《依靠学习走向未来》的讲话，指出："好学才能上进。中国共产党人依靠学习走到今天，也必然要依靠学习走向未来。"②他回顾了中共的学习历史。延安时期，我们党就注意到"本领恐慌"的问题。过去，党是靠学习克服了重重困难；今天，依然要依靠学习才能赢得未来。

2014 年，习近平在上海提出建设一个学习大国，这是中国共产党把自身有关学习的意志和主张上升为国家意志和主张的重要体现，它优化和丰富了党的学习理论的框架结构，形成了学习在国家、政党和社会各个领域、各个层次多位一体、全面开展的新局面，展现了中国共产党作为执政党以全党学习带动全民学习、以学

---

① 习近平：《在中央党校 2009 年秋季学期第二批进修班开学典礼上的讲话》，《学习时报》2009 年 11 月 16 日。

② 《习近平谈治国理政》，外文出版社 2014 年版，第 407 页。

习型政党建设引领学习型国家建设的良好形象，体现了新时代我们党高度的学习自觉、自信和自强，彰显了中国共产党作为一个成熟政党的胸怀和眼光。①

早在 2003 年，为了更好带领全国人民建设好学习型社会，党中央就提出必须首先把自己建设成为学习型政党。2004 年的十六届四中全会将学习型政党作为提高党的执政能力的举措，指出"重点抓好领导干部的理论和业务学习，带动全党的学习"，"在建设学习型社会、创新型社会中，领导干部要做学习和实践的表率，既要求知善读，又要贵耳重目"。

2009 年，十七届四中全会将学习型政党作为加强和改进党的建设重大而紧迫的战略任务再次提出，这是我党在深刻认识党的历史经验和新鲜经验基础上作出的战略决策。②

随后，中央成立了建设学习型党组织工作协调小组和办公室，印发了《关于推进学习型党组织建设的意见》。以十七届四中全会为标志，中国共产党开启了马克思主义学习型政党建设的新进程。

作为中国共产党的领导人，习近平在多个场合强调了建设学习型政党的意义、内容和途径。2008 年全国党校工作会议上习近平指出：当今时代，随着广泛而深刻的社会变革和突飞猛进的科技发展，知识更新的周期大大缩短，各种新知识、新情况、新事物层出不穷。面对这种情况，领导干部只有经常不断地抓紧学习、坚持不

---

① 肖君华：《梦想从学习开始》，《光明日报》2016 年 7 月 7 日。

② 习近平：《在中央党校 2009 年秋季学期第二批进修班开学典礼上的讲话》，《学习时报》2009 年 11 月 16 日。

懈地终身学习，才能够履行好岗位职责，才能够终身受用。领导干部开展终身学习具有提高自身素质、能力和承担社会责任、示范的双重意义，他们需要"既做读书的自觉实践者，又做学习型政党、学习型社会建设的积极倡导者、精心组织者、大力推动者，以自己的模范表率作用引导党内和社会上形成崇尚知识、热爱读书的良好风气，促进全党、全民族素质的提高。"①

在中央党校秋季学期第二批进修班开学典礼上，习近平从保持党的先进性、继承和弘扬党的优良传统、党建在新形势的新要求等角度，强调了学习型政党对于学习型社会建设的引领作用，他指出："要以自己的示范行动促进学习型社会建设，充分激发全社会创造活力，共同推进社会向前发展。"我党要建设的马克思主义学习型政党"应该是高举中国特色社会主义伟大旗帜，坚持推进马克思主义中国化并自觉用以指导实践的政党；是目光远大、胸怀宽阔、善于总结经验、善于吸收一切人类文明成果的政党；是学以立德、学以增智、学以创业，在学习意识、学习能力、学习成效上引领全社会全民族的政党。归根到底，应该是科学理论武装、具有世界眼光、善于把握规律、富有创新精神的马克思政党"②。

在随后的历次党代会上，建设学习性政党的目标被反复强调，并被赋予了日益丰富的内涵。党的十八大报告提出建设"学习型、

---

①　习近平：《在中央党校 2009 年春季学期第二批进修班暨专题研讨班开学典礼上的讲话》，《学习时报》2009 年 5 月 18 日。

②　习近平：《在中央党校 2009 年秋季学期第二批进修班开学典礼上的讲话》，《学习时报》2009 年 11 月 16 日。

服务型、创新型的马克思主义执政党"的目标，把"学习型"放在了"三型政党"的首位。

对此，习近平解释道："把学习型放在第一位，是因为学习是前提，学习好才能服务好，学习好才有可能进行创新。"① 党的十九大报告从全面增强执政党本领的高度，强调"要增强学习本领，在全党营造善于学习、勇于实践的浓厚氛围，建设马克思主义学习型政党，推动建设学习大国"。

中国共产党要领导好十三亿多人的社会主义大国，更好担负起新时代中国共产党的历史使命，既要政治过硬，也要本领高强。有鉴于此，党的十九大提出了包括增强"学习本领"在内的"八个本领"，这些本领构成了新时代我党执政的能力体系，体现了我党直面"本领恐慌"的忧患意识和高度自觉，铸就了我党在新时代赢得主动、赢得优势、赢得未来的战略工具。

（三）终身学习，学什么、怎么学

建设马克思主义学习型政党的过程中，干部、党员需要学习哪些内容？对此，习近平在多次讲话中做了全面阐述，为我们提出了详细的"学习内容清单"，包括：马克思主义理论、党的路线方针政策和国家法律法规、党史国史和世界史、文学知识、科学知识、思维知识和经验等。"要认真学习马克思主义理论，这是我们做好

---

① 《习近平谈治国理政》，外文出版社 2014 年版，第 403 页。

一切工作的看家本领，也是领导干部必须普遍掌握的工作制胜的看家本领。""学习党的路线方针政策和国家法律法规，这是领导干部开展工作要做的基本准备，也是很重要的政治素养。""各级领导干部还要认真学习党史、国史，知史爱党，知史爱国。""中国优秀传统文化，领导干部也要学习，以学益智，以学修身。""总体而言，领导干部应当学习多方面的知识，包括经济、法律、科技、文化、管理、国际和信息网络等方面的知识。"①

在终身学习策略方面，习近平在中央党校建校 80 周年庆祝大会讲话中提出了一系列建议："我们的学习应该是全面的、系统的、富有探索精神的，既要抓住学习重点，也要注意拓展学习领域；既要向书本学习，也要向实践学习；既要向人民群众学习，向专家学者学习，也要向国外有益经验学习。学习有理论知识的学习，也有实践知识的学习。""学习和思考、学习和实践是相辅相成的，正所谓'学而不思则罔，思而不学则殆'。你脑子里装着问题了，想解决问题了，想把问题解决好了，就会去学习，就会自觉去学习。要'博学之，审问之，慎思之，明辨之，笃行之'。""要注意学习正确认识客观事物、做好领导工作所必须具有的辩证思维、战略思维、全局思维、创新思维等方面的知识和经验。"

习近平曾引用清代学者王国维谈治学的三种境界："昨夜西风凋碧树，独上高楼，望尽天涯路"；"衣带渐宽终不悔，为伊消得人

---

① 《习近平谈治国理政》，外文出版社 2014 年版，第 404—405 页。

憔悴";"众里寻他千百度，蓦然回首，那人却在灯火阑珊处"。

习近平以此启发我们：学习不仅要有明确的目标和不移的恒心，还要提高读书的效率和质量，讲求学习方法和技巧，在爱读书、勤读书、读好书、善读书中，不断提高思想水平、解决实际问题、实现自我超越。习近平反对"书呆子"现象，指出学习要重视针对性和指导性，要充分考虑生动的实际生活和现实的确切真实，注重研究新情况，认真分析新问题，积极寻求新对策。①"要通过学习掌握马克思主义立场、观点、方法，提高战略思维能力、综合决策能力、驾驭全局能力，做到知行合一，增强工作的科学性、预见性、主动性，避免陷入少知而迷、不知而盲、无知而乱的困境。"②

习近平提出的终身学习的内容和策略，既是对党员干部的要求，也为全民终身学习指明了方向。

二、我国学习型社会建设的主要进展

得益于联合国教科文组织、经济合作与发展组织、欧洲联盟等国际组织和各国教育学家们的大力倡导，在过去50年里，国际终

---

① 习近平:《书呆子现象要不得》,载《之江新语》,浙江人民出版社2007年版。

② 习近平:《在纪念朱德同志诞辰130周年座谈会上的讲话》,《人民日报》2016年11月30日。

身教育的实践和理论得到不断推广和深化，并在"何为终身教育"、"如何发展终身教育"等基本问题上，逐步达成了一些共识。

2000 年，联合国教科文在《教育的权利：走向全民终身教育》(*The Rightto Education:Towards Education for All throughout Life*)的报告中，提出了 21 世纪教育要从全民基础教育走向全民终身教育。当今世界教育正在发生革命性变化，确保包容、公平和有质量的教育，促进全民享有终身学习机会，成为世界教育发展的新目标。教育与经济社会发展的结合变得更加紧密，以学习者为中心，注重能力培养，全民学习、终身学习、个性化学习的理念正日益深入人心。终身教育不但成为促进经济发展和人力资源开发的途径，也成为促进社会融合、满足学习者生活需求和提升生活质量的手段。

建设学习型社会既是我国全面建设小康社会的重要目标，也是一场影响深远的教育革命。[①] 加快学习型社会建设，需要构建完善的终身学习体系，为各类组织和人群参与终身学习创造良好的条件和机会，促进每一位社会成员的全面发展。过去近三十年间，我国终身教育发展在法制化、社区教育、继续教育、学习型社会（城市）、老年教育等方面取得了显著成效，逐步构筑起较为完善的终身教育体系，有力地推进了我国教育事业均衡和有质量的发展。

---

① 朱步楼：《以建设学习型政党推动学习型社会建设》，《新华日报》2010 年 2 月 2 日。

（一）终身教育的制度建设

20 世纪 90 年代，我国启动了以教育体制和结构为重点的教育改革。"教育应贯穿人的一生"的终身教育理念成为这一轮教育改革的重要指引，终身教育的法制体系逐步建立。党和政府持续将终身教育和学习型社会建设作为实施科教兴国、人才强国和可持续发展的战略目标来统筹布局。

1995 年颁布的《教育法》规定："国家适应社会主义市场经济发展和社会进步的需要，推进教育改革，促进各级各类教育协调发展，建立和完善终身教育体系。""国家鼓励发展多种形式的成人教育，使公民接受适当形式的政治、经济、文化、科学、技术、业务教育和终身教育。"这是"终身教育"和"终身教育体系"首次作为法律概念出现在我国的法律体系中，尽管其内涵和外延未有进一步界定，但仍不失其里程碑的意义。

1996 年颁布的《职业教育法》提出"建立、健全职业学校教育与职业培训并举，并与其他教育相互沟通、协调发展的职业教育体系"。1998 年颁布的《高等教育法》规定"高等教育包括学历教育与非学历教育。高等教育采用全日制和非全日制形式。国家支持采用广播、电视、函授及其他远程教育方式实施高等教育"。同时还规定了"同等学历"入学的相关制度。这些法规都以终身教育理念为指引，赋予多种教育和学习形式及其成果以相应的制度认可和地位。

进入新世纪之后，终身教育的法制化继续深入，地方终身教育立法先行探索，我国地方性终身教育制度的实践探索也在蓬勃推进，① 终身教育发展战略目标被纳入了各地方的社会和教育规划之中；国家层面的终身教育立法进程也提上议事日程，《国家教育事业发展第十三个五年规划》明确提出"推进学前教育法、终身学习法、学校安全条例、国家教育考试条例的研究起草工作"。当前我国终身教育法制化建设呈现出了新的特点：终身教育理念日益成为各级各类教育改革的指引；拓宽终身学习渠道的机制日益明晰和强化；终身教育立法在地方层面积极推进，加快推进终身学习立法进程的社会呼声日渐高涨。

（二）社区教育的体制创新

伴随社会转型和城市发展的步伐加快，20 世纪 90 年代之后，我国的社会治理模式逐渐由原来的以"单位人"为中心，转向以"社会人"为中心，社区教育需求随之增加。社区教育形态逐渐从社区的青少年校外教育，延伸至更广泛的社区和人群，以更好满足社区居民的多样化学习需求。作为终身教育体系的重要组成要素，我国社区教育在各级政府的指导和推进下纷纷开展了实践探索。社区学院、社区学校、市民学校等机构在一些城市建立起来，这些教育机构肩负了学历教育、职业培训、继续教育、老年

---

① 　过去十多年，福建省（2005 年）、上海市（2011 年）、太原市（2012 年）、河北省（2014 年）、宁波市（2015 年）、成都市（2016 年）等地相继颁布了地方性《终身教育促进条例》或《社区教育促进条例》。

教育、社区服务等多种功能。由区级社区教育学院、街道社区教育学校和居（村）委会社区教育学习中心构成的全国社区教育三级网络得到蓬勃发展，不同社区人群在社区教育网络中各得其益（见表9-1）。

表 9-1　不同人群接受社区教育培训情况

人群	接受教育培训占比（%）
60 岁以上老年人	31.44
青少年	20.25
进城务工人员	13.07
新型职业农民	11.30
下岗再就业人员	6.38
残障人士	1.40
其他培训	16.16

资料来源：教育部职业教育与成人教育司：《2015 年社区教育实验区示范区调查数据统计图解》，2016 年 7 月 28 日。本次调查涵盖 24 个省份、95 个地市、497 个区县，覆盖 3.6 亿居民，其中 83% 的省份、82% 的地市有社区教育指导机构。见 http://www.shequ.edu.cn/Pages/News/2016/07/28/c2bdc379-574f-4631-9211-8a3ba7fa355f.htm。

为了不断推进社区教育的内涵建设，教育部于 2001—2016 年期间评选出了 6 批全国社区教育实验区，2008—2016 年期间评选出了 4 批全国社区教育示范区（关于两类地区发展的数量，见表 9-2 和表 9-3）。社区教育实验区和示范区的创建，推动了社区教育的管理体制、运行机制和学习型组织等方面的改革。同时我们也看到，东部各省市社区教育实验区和示范区的数量明显高于其他地区，这反映了各地社区教育发展水平的不均衡现象。

表 9-2　东、中、西部地区各批次社区教育实验区数量分布

单位：万人

批次 / 年份	第一批（2001 年）	第二批（2003 年）	第三批（2006 年）	第四批（2007 年）	第五批（2013 年）	第六批（2016 年）	总计
东部	19	17	14	23	25	37	135
中部	5	8	5	3	13	17	51
西部	4	8	1	7	7	10	37

表 9-3　东、中、西部地区各批次社区教育示范区数量分布

单位：万人

批次 / 年份	第一批（2001 年）	第二批（2003 年）	第三批（2006 年）	第四批（2007 年）	总计
东部	25	26	16	19	86
中部	5	5	3	9	22
西部	4	3	3	5	15

　　作为一项群众性的全国范围终身学习活动，"全民终身学习活动周"自 2005 年至 2017 年已在全国各地举办了 13 届，该活动推动了终身学习理念不断深入各地社区居民，终身学习活动的范围持续扩大。根据 2017 年全民终身学习活动周开幕前夕的全国统计，参与终身学习活动周的省市由最初的 10 个扩展到 2016 年的 31 个省、35 个直辖市、计划单列市和省会城市、240 个地市州、1628 个县（市、区）；近五年来，参与"全民终身学习活动周"的人数超过 1 亿人次。①

---

　　①　《2017 年全民终身学习活动周全国总开幕式在合肥举行》，《中国教育报》2017 年 11 月 14 日。

（三）开放大学的转型发展

2012 年 6 月，经国家教育体制改革领导小组和教育部批准，上海等六所广播电视大学（包括中央广播电视大学和北京、上海、江苏、广东和云南等地的五所地方广播电视大学）向开放大学战略转型，这是党的十八大以后实行的国家教育综合改革试点的重大项目。之前，我国拥有一个由 44 所省级电大、1125 所地市级电大、1827 所县级电大构成的庞大的广播电视大学系统。截至 2012 年，这一系统已培养了 900 多万人，开展非学历教育 6000 万人次。[①]

推进开放大学的综合改革试点工作具有明确的定位和目标，即在"互联网＋"教育模式下打造我国教育教学变革创新的排头兵。[②] 改革试点的主要任务包括：（1）改革原有体制。五所试点的地方开放大学为省级政府管理，学校拥有办学自主权，通过试点充分调动学校和所在省市的办学积极性。（2）根据国家和地方经济和社会发展需要，经教育部评审，从六所开放大学的 41 个专业起步，开放大学开始拥有学士学位授予权。（3）促进信息技术与教学改革的融合，将开放大学建成我国教育信息化的引领者、试验田和示范区。（4）在学分累积与转换服务方面，国家开放大学开展继续教育学习成果认证、累积和转换试点，地方开放大学承担地区学分银行建

---

① 鲁昕：《推进继续教育改革发展，实现人人成才教育梦》，《中国教育报》2014 年 1 月 6 日。

② 郝克明：《总结经验，开拓进取，开创开放大学发展和改革的新局面》，《开放教育研究》2017 年第 6 期。

设。目前，全国已建立 70 个学习成果认证分中心（认证点），5 所地方开放大学承担地区学分银行建设工作，为数万人开展了学分积累与转换服务。

经过五年多的探索，我国六所开放大学不断改革创新，持续提升办学能力和社会服务能力，为构建我国更加开放、灵活的终身教育体系和学习型社会建设作出了有益的探索，并取得了重要进展，主要体现在：（1）开放大学作为办学主体和实体的规范建设得以推进，新的组织架构、管理体制和办学体系开始建立起来。（2）紧贴社会和民生需求，与社会各部门开展广泛合作，形成了多层次、多中心的办学模式。（3）推进了信息技术与人才培养更紧密的融合。（4）推进了科研工作，服务教学和专业建设。（5）开始构建人才培养的质量保障体系。（6）推动学分银行建设，强化终身学习平台功能，建设终身学习"立交桥"。[①]

（四）继续教育的日趋多元

继续教育是面向正规学校教育之后所有社会成员的各类教育活动，是构建终身教育体系和学习型社会的重要组成部分，对于提高人民群众的基本素质、促进经济转型发展和创新驱动发展，都具有重要的战略意义。党和国家长期以来十分重视继续教育，将其作为建设学习型社会的重要战略举措和核心要素。党的十八大以来，国

---

① 徐辉富、魏志慧、李学书：《开放大学五年：总结与反思》，《开放教育研究》2017 年第 6 期。

家和地方出台了一系列相关的政策、法规，如建设国家级职业教育成人教育示范县、推出高等学校继续教育专业设置管理办法、推动学分银行建设等。

当前，继续教育已被提升为相对独立、不可替代的教育类型，并纳入了教育发展战略目标、教育体系和重大教育政策的调控范畴。通过发展继续教育，政府把更多社会成员（特别是受教育程度较低的劳动者）纳入教育对象。《国家中长期教育改革和发展规划纲要（2010—2020）》颁布以来，我国继续教育多元化的办学格局初步形成，在满足各行各业职工和广大社会成员继续学习需求方面发挥了积极作用：[1]

第一，企业职工、政府部门专业人员、中小学教师、卫生技术人员等各类在职职工、专业人员的继续教育参与率持续提升。全国企业职工年培训率从2012年的56.6%提高到2015年的66.2%；2016年，全国教育系统共完成各类岗位培训1500万人次；积极开展新型农民教育培训，2016年全国7.6万所农村成人学校培训3112.5万人，占农村就业人员的8.6%。[2]

第二，继续教育成为扩大高等教育机会、提升公民学历水平的重要渠道。从2008年至2016年，成人学历教育和网络远程学历教育的招生数，占当年普通高等教育招生数的50%左右（不包

① 郝克明、季明明：《五年来继续教育发展的成就与启示》，《中国教育报》2015年12月14日。
② 张昭文：《努力办好继续教育，加快建设学习型社会》，《中国职业技术教育》2017年第34期。

括自考、开放大学的招生数）。① 到 2016 年底，全国高等学历继续教育在学人数共计 1229 万人，占高等教育在学总规模的 33%，接受各种非学历高等教育的学生 863 万人次，比 2012 年增长了 118.5%。②

第三，数字化继续教育资源的供给大幅提升。通过"高校继续教育数字化学习资源开放与在线教育联盟"，高校配合国家重大发展战略对专门人才的需求，探索了慕课、微课、移动课程等多种新型资源开放课程和教学模式。2012 年成立了国家开放大学等六所开放大学，以此带动广播电视大学的战略转型，探索人才培养模式创新，构建终身学习"立交桥"。

第四，继续教育供给主体日趋多元。我国已初步形成了在政府领导和统筹下的包括开放大学、高等院校、各类行业、企业、社会力量提供的各类学历、非学历教育办学网络。

为适应马克思主义学习型政党建设的需要，中国共产党为党员、干部的终身学习搭建起了庞大的干部教育培训系统，这一系统可分为三个层次：最核心的是政治局集体学习制度，中间层次是各级党校系统、行政学院和国家级干部学院系统，外围是中共与国内

---

① 学历继续教育是我国继续教育的重要组成部分，对扩大我国高等教育总规模和毛入学率发挥了积极作用。最初，成人高等教育的参与对象主要是"文革"中失去教育机会的一代，此后教育对象扩大到所有在职人员，为无数人打开了高等教育之窗。据教育部《全国教育事业发展统计公报》，过去十来年间，成人学历教育的招生数一直保持在一个较高的水平；2015 年开始，成人高等教育学历（函授）招生呈现下降趋势。

② 《2017 年全民终身学习活动周全国总开幕式在合肥举行》，《中国教育报》2017 年 11 月 14 日。

外高校合作的培训项目。中共干部教育培训的基本内容包括：基本理论、党性教育、能力培训和知识更新。自 2002 年以来，全国各级党政干部约有 1.2 亿人次接受了培训。[①] 中国共产党在不断变化的治理压力下，持续强化学习型政党建设，改造学习系统、创新学习机制，将中国传统、党的建设和现代治理技术融入马克思主义政党这一组织主体中。中共的学习系统已经成为中国国家治理体系和治理能力现代化的重要环节。

（五）以老年教育推进积极老龄化

到 2017 年底，我国 60 周岁及以上老年人口达 2.41 亿，占总人口的 17.3%；65 周岁及以上人口为 1.58 亿，占 11.4%。[②] 预计到 2050 年前后，我国老年人口数量将达到 4.87 亿，占总人口的比例达 34.9%将成为世界人口老龄化程度较高的国家之一。[③] 社会老龄化趋势对老年服务和社会治理提出了新的挑战。发展老年教育，实现积极老龄化战略，是应对社会老龄化趋势的重要路径。

我国党和政府历来高度重视老龄工作。我国老年教育是从 20 世

---

① 罗斯·特里尔：《依靠学习走向未来——〈习近平复兴中国〉连载》，《学习时报》2016 年 9 月 22 日。

② 国家统计局：《2017 年国民经济和社会发展统计公报》，2018 年 2 月 28 日，见 http：//www.stats.gov.cn/tjsj/zxfb/201802/t20180228_1585631.html。

③ 王亦君：《我国 60 岁以上人口 2050 年近 5 亿，中央 14 部门开展老龄化国情教育》，2018 年 2 月 26 日，见 http：//news.cyol.com/yuanchuang/2018-02/26/content_16973525.htm。

纪 80 年代的老年大学发展起来的，当时主要为了满足退休老干部群体老有所学、老有所乐的需要。到 1985 年底，全国老年大学已发展到 61 所。1988 年，中国老年大学协会成立，全国各级县区以上政府开办老年大学。截至 1990 年，全国老年学校已达到 2300 多所，初步形成全国老年教育网络。1994 年，十部委联合制定了《中国老龄工作发展纲要（1994—2000 年）》，提出了在全国开展老年教育的预期目标，指出："老年大学、老年学校是老年教育的重要形式，它已成为老年人老有所学、老有所为、老有所乐的重要场所。"1996 年颁布的《老年人权益保障法》规定："老年人有继续接受教育的权利。"1999 年，全国老龄工作委员会成立。经过 20 多年的发展，我国老年教育已形成政府投资、企业投资、社会团体组织投资、个人投资等多渠道多层次的办学格局，初步形成了老年教育体系。

进入 21 世纪以来，随着学习型社会建设的推进，结合新时期老年教育的发展特点，我国政府提出了新的老年教育发展目标。2006 年，《中国老龄事业发展"十一五"计划纲要（2006—2010 年）》提出："大力发展老年教育，到 2010 年老年大学和老年学校在现有基础上增加一万所"。同年，国务院发布了《中国老龄事业的发展》白皮书，指出"要努力实现'县县有老年大学'的目标并逐步向社区、乡镇延伸"。

如今，随着社会老龄化步伐的加快和终身学习观念的深入，接受老年教育已成为越来越多老年人的普遍追求。党的十八大报告提出"积极应对人口老龄化，大力发展老龄服务事业和产业"的方针；党的十九大报告强调"加快老龄事业和产业发展"；国家"十三五"

规划明确要求开展应对人口老龄化行动；国务院发布了《老年教育发展规划（2016—2020 年)》。目前，我国有 810 万老年人在 6.2 万所老年教育机构学习，上千万人通过社区教育、远程教育等形式参与老年教育。① 其中，上海参加各类老年大学（学校）学习的 60 周岁及以上学员就达 50 余万人；老年教育不断向基层社区延伸，全市有约 60 万老年人参与各类学习团队活动。②

（六）学习型城市：学习型社会建设的基石

联合国教科文组织于 20 世纪 70 年代提出了"向学习化社会前进"的目标。20 世纪 80 年代以后，"学习型社会"的理念逐渐进入一些国家的政策文件，成为一项社会发展的实践运动。也是在 20 世纪 80 年代，"学习型社会"的观念开始进入我国学术界的视野。我国在政府层面提出建设"学习型社会"的主张，则始于 21 世纪初。2001 年至 2002 年期间，时任国家领导人的江泽民在不同场合提出了推进教育体系创新、创建学习型社会的主张。在党的十六大报告中，建设学习型社会首次被写入党的最高级别文件，并被列为小康社会建设目标的重要内容。

学习型社会可以从多个角度来理解和推进。就学习型社会的内涵而言，它是以学习者为中心，以终身教育体系、终身学习服务体

---

① 姜泓冰：《我国老年教育机构达 6.2 万所，框架体系已基本形成》，《人民日报》2018 年 4 月 12 日。

② 许沁：《我国成老年教育办学规模最大国家》，《解放日报》2018 年 4 月 18 日。

系和学习型组织为基础，以形成终身学习文化为基本特征，旨在保障和满足社会成员的学习权利和需求，从而有效促进社会成员的全民发展和社会价值的充分实现以及社会可持续发展的一种开放、创新、富有活力的新型社会。① 就学习型社会的组织形态而言，它包括学习型城市、学习型城乡社区、学习型企业、学习型机关、学习型政党或政府、学习型家庭等。就学习型社会的支持系统而言，它指以信息技术为载体的公共学习平台，以及各类公共文化设施。就学习型社会的保障条件而言，它包括组织、法规制度、财政、队伍等多个层面的制度和机制设计。

建设学习型城市是实现学习型社会的重要基石。如今，世界上有超过一半的人口生活在城市；到 2050 年，这一数字将达到 70%。城市已成为全球应对社会变革挑战、改善国民福祉的最重要场所。联合国教科文组织分别于 2013 年、2015 年和 2017 年，在中国的北京市、墨西哥的墨西哥城和爱尔兰的科克市三地举办了国际学习型城市大会，分享了各国学习型城市的建设进展和创新实践经验，缔结了各国学习型城市之间的合作伙伴关系，开创了学习型城市未来发展的平台。

在中国，1999 年上海市率先提出了建设学习型城市的发展目标。2013 年，教育部职成教司、中国成人教育协会、中国联合国教科文全委会秘书处共同成立"学习型城市建设联盟"，旨在推广学习型城市创建经验，5 年多来已发展 67 个省会和地级城市加入

---

① 朱新均：《学习型社会的建设路径及评价标准》，2012 年 7 月 17 日，见 http：//old.moe.gov.cn//publicfiles/business/htmlfiles/moe/s6634/201207/139442.html。

该联盟，约占我国地级以上城市总数的 23%。2014 年 8 月，教育部等七部门出台了《关于推进学习型城市建设的意见》，对我国学习型城市建设提出了路线图和时间表。目前，我国已有 100 多座城市宣布开展学习型城市建设。北京、杭州分别于 2015 年和 2017 年获得了联合国教科文组织"学习型城市奖章"。

全国各地在学习型城市的发展规划、领导协调、组织保障、工作机制、资源整合、氛围营造、学习型组织发展等方面，呈现出共同的价值追求和多样化的路径。经过多年的实践探索，我国建设学习型城市正从东部沿海发达地区向中西部延伸，从一线城市向二、三城市发展，从思想理念的宣传落实到具体行动，并形成了一系列实践经验和特色：①

1. 中央和地方政府将建设学习型城市纳入了国家和城市加快建成小康社会、实现社会主义现代化的重大战略

各级党、政部门对学习型城市建设作出顶层设计和战略部署。不少城市初步形成了党委领导、政府主导、社会力量共同参与的学习型城市管理格局。

2. 学习型城市工作逐步走向制度化

我国不少城市出台了包括学习成果认证、累积和转换在内的学

---

① 郝克明：《让学习伴随终身——中国特色的终身学习理论探索与创新》，《江苏开放大学学报》2016 年第 1 期；郝克明：《学习型城市——带动我国建设学习型社会的主阵地》，《终身教育研究》2017 年第 4 期。

习型城市建设的政策性文件，建立了多渠道筹措经费的投入和激励机制。教育部还组织力量，制定学习型城市建设指标体系，开展相关的试点监测和评估工作。

3. 以社区教育为核心的网络体系不断完善

不少城市建立了以区（县）社区教育学院或社区教育中心为龙头，以街道（乡镇）社区学校为骨干，以居委会（村）社区教学点为基础的社区教育网络。由学校教育、社区教育、成人教育、老龄教育、学龄前教育共同构成的终身教育体系，为城市居民提供了越来越丰富、便捷的学习机会和资源。

4. 学习型城市建设的地方特色日益鲜明

各城市努力探索具有地方特色的学习型城市发展之路。例如，北京市重视各类学习性组织的评估工作；上海市充分发挥信息技术为主要支撑的开放大学在社区教育中的作用，并在教育投入和师资队伍建设方面采取了有力的保障措施；深圳市积极发挥民办培训机构在促进市民终身学习中的作用。

三、新时代我国学习型社会的新要求

过去三十年里，我国各地终身教育和学习型社会建设在理念推广、制度制定、政策落实、人民获益方面成绩卓著。但也要清醒地看到，面对新时代中国特色社会主义思想的新要求和新战略，我国终身教育和学习型社会建设依然面临地区、城乡和人群之间发展不平衡、不充分的矛盾。对照"人人皆学、处处能学、时时可学"的终身教育发展理念，要让教育服务和教育资源更公平和更高质量地惠及全体人民，我们还有很长的路要走。

建设学习型社会是党的十六大报告提出，并在十七大、十八大、十九大报告确认的国家战略目标和任务。《国家中长期教育改革和发展规划纲要（2010—2020年）》提出到2020年基本形成学习型社会，到2020年，从业人员继续教育参与率要达到20%，教育培训规模达到3.5亿人次。建设学习型社会也是党的十九大提出的战略任务。"十三五"时期是实现学习型社会建设目标的关键5年。中央和各地政府部门必须采取更加有力措施，从体制机制、法规建设、投入保障等方面入手，加快推进学习型社会建设。在新时代，我国加快建设学习型社会面临新形势、新要求。①

（一）推动经济的可持续发展

适应经济发展新常态，需要大力提升人力资源开发水平，深入挖掘人口红利，全面提高国民素质，为此必须发展各种形式的继续教育，建设全民终身学习的学习型社会，将我国的人力资源转化为

---

① 《推进全民终身学习，加快学习型社会建设——教育部副部长朱之文在2016年全民终身学习周全国总开幕式上的讲话》，2016年10月22日，见http：//www.moe.edu.cn/jyb_xwfb/moe_176/201610/t20161020_285772。

推动社会发展的持久动力。

（二）落实创新驱动发展战略

通过满足人民群众日益增长的个性化、终身化学习需求，在全社会营造创新氛围，培养创新型人才。

（三）实施积极的老龄化战略

吸引广大老年人参与学习，帮助老龄人群更好地参与经济社会生活，提高生活质量，实现老有所学、老有所教、老有所为、老有所乐。

（四）服务于扶贫脱贫的战略

习近平总书记多次强调，治贫必先治愚，扶贫必先扶智。为我国的贫困人口提供便捷的学习机会，掌握脱贫所需的技术和能力，更新他们的思想观念，提升贫困人口的素质，对于实现脱贫具有决定性作用。

整体而言，我国的学习型社会建设还处于起步阶段，与世界上终身教育发达的国家相比还有较大差距，当前存在的瓶颈问题主要有：终身学习的立法相对滞后，办学条件难以得到制度化保障；学习型社会建设工作在城乡以及不同地区和人群中开展得还很不均衡，不少地区和城市尚未将终身教育纳入经济和社会发展的议程中；终身教育体系建设仍不完善，终身教育理念尚未成为学校教育改革的指引，各级各类学校在推进全民终身学习中的作用尚未很好发挥出来；终身学习中技术、手段和方法的创新相对滞后；缺乏系统的终身学习质量的评估和保障制度。

四、新时代学习型社会建设的政策选择

"十三五"规划提出要"大力发展继续教育"，并明确了加快构建终身教育制度、加强继续教育平台建设、统筹扩大继续教育服务三大任务。要实现党的十九大报告提出的"办好继续教育，加快建设学习型社会，大力提高国民素质"目标，更好满足各种人群的终身学习需求，就必须健全终身教育服务体系，扩大继续教育服务面向，丰富服务内涵，提高服务质量，全面建设学习性社会。落实这些任务需要从以下几方面强化政策、完善体制机制。

（一）创新学习型社会的治理体系

以立法形式明确各政府部门在终身教育政策决策和施策中的属性和定位，全面促进文教、体教、医教、科教、养教等跨部门的协作。充分发挥图书馆、博物馆、美术馆、文化馆、体育馆、历史文化遗存、各类大众媒体等公共服务设施的教育功能。大力建设以居住点为单元、以居民自发组织和自我教育为特点的各类学习社区。加强终身教育供给侧改革，完善政府采购终身教育资源机制，鼓励社会力量参与提供各类终身学习产品。

（二）树立并落实终身教育的质量观

确立以需求满足和素质提升为导向的终身教育质量观。构建包容、多元的终身教育机构及服务标准和评价指标体系。建立常态化，针对终身学习需求和能力的终身学习监测制度，确立基于监测结果的部门问责和工作改进机制。将终身学习能力纳入各级各类学校教与学的考核体系。加快推进各类学习成果认定的制度体系建设，特别是学习成果认证制度、个人学习账号和学分可累计制度所依托的学分银行、作为学习成果认定依据的国家资历框架等方面的制度建设。

（三）加强终身学习方式与技术创新

进一步提升信息技术的基础设施硬件和服务能力，充分利用人工智能、虚拟现实、大数据、区块链、脑科学及学习前沿科技领域的发展成果，为各类人群终身学习提供多样化、个性化、便捷化的学习内容和学习机会，以技术促进学习方式的不断变革、学习体验的不断丰富和学习成效的不断提升。

（四）提供精准化终身学习支持服务

大规模开展职业技能培训，助力知识型、技能型、创新型的劳动者大军建设；将学习型社会建设与落实"大扶贫"格局联系起来，推动扶贫与扶志、扶智的深度融合；将学习型社会建设与加强社会保障体系建设相结合，积极应对老龄化社会的挑战，构建老有所学的政策体系和社会环境。

（五）加强学习型社会建设科学研究

在高校和科研机构开展致力于终身教育研究的学科布点，培养终身教育领域的高层次专门人才；建立一支强有力的终身教育研究者队伍，开展终身教育和学习型社会的理论、实验和政策研究；通过联盟、论坛等方式，加强地区、机构、人员之间的终身教育交流与合作。

第十章　以开放促进国家教育的改革与发展

改革开放 40 年来，我国教育事业发展取得了显著的进展，成功迈入了世界中上行列水平，充分显示出了改革开放促进发展的成效。当前，在全球化的新时期，在迈向建设社会主义现代强国的进程中，我们还面临着各种新挑战和新问题。为此，必须以习近平新时代中国特色社会主义思想为指导，坚持党的领导，以开放促进国家教育改革与发展，加快教育现代化，办人民满意的教育，为中华民族的伟大复兴作出贡献。

一、教育开放是国家教育现代化的重要特征

（一）国家教育发展的重大战略

早在 2012 年 12 月，习近平总书记就提出"改革开放只有进行时没有完成时。没有改革开放，就没有中国的今天，也就没有中国的明天。改革开放中的矛盾只能用改革开放的办法来

解决"。①

习近平总书记在党的十九大报告中从不同角度多次论述了开放的重要性和必要性，并且与改革联系在一起。例如，在论述"坚持全面深化改革"时，习近平总书记强调，"只有社会主义才能救中国，只有改革开放才能发展中国、发展社会主义、发展马克思主义"。显然，开放是国家繁荣发展的必由之路。以开放促改革、促发展，是我国现代化建设不断取得新成就的重要法宝。

在论述"坚持新发展理念"时，习近平总书记说，"发展是解决我国一切问题的基础和关键，发展必须是科学发展，必须坚定不移贯彻创新、协调、绿色、开放、共享的发展理念"。

在论述"坚持推动构建人类命运共同体"时，习近平总书记提出，"中国人民的梦想同各国人民的梦想息息相通，实现中国梦离不开和平的国际环境和稳定的国际秩序。必须统筹国内国际两个大局，始终不渝走和平发展道路、奉行互利共赢的开放战略，坚持正确义利观，树立共同、综合、合作、可持续的新安全观，谋求开放创新、包容互惠的发展前景，促进和而不同、兼收并蓄的文明交流，构筑尊崇自然、绿色发展的生态体系，始终做世界和平的建设者、全球发展的贡献者、国际秩序的维护者"。

在论述"推动形成全面开放新格局"时，习近平总书记说，"开放带来进步，封闭必然落后。中国开放的大门不会关闭，只会越开

---

① 《习近平谈治国理政》，外文出版社 2014 年版，第 69 页。

越大。要以'一带一路'建设为重点，坚持引进来和走出去并重，遵循共商共建共享原则，加强创新能力开放合作，形成陆海内外联动、东西双向互济的开放格局"。

总之，如此多次强调改革开放，充分显示党中央和习近平总书记对改革开放的充分认识和高度重视。可以认为，坚持改革开放是习近平新时代中国特色社会主义思想的重要组成之一。

2018年4月10日，习近平总书记在海南博鳌亚洲论坛2018年年会开幕式上发表题为"开放共创繁荣，创新引领未来"的主旨演讲报告。习近平总书记在演讲中再次强调，"改革开放"是中国的第二次革命。他说，"中国坚持对外开放的基本国策，坚持打开国门搞建设。我要明确告诉大家，中国开放的大门不会关闭，只会越开越大！实践证明，过去40年中国经济发展是在开放条件下取得的，未来中国经济实现高质量发展也必须在更加开放条件下进行。这是中国基于发展需要作出的战略抉择，同时也是在以实际行动推动经济全球化造福世界各国人民"[①]。他在演讲中还提到了扩大开放的四大举措：大幅度放宽市场准入，创造更有吸引力的投资环境，加强知识产权保护，主动扩大进口。

总之，开放是新时代国家发展的重大战略之一，是全面深化改革的重要举措之一，是国家发展取得成功的保障之一。正如习近平总书记指出的，"中国进行改革开放，顺应了中国人民要发展、要创新、要美好生活的历史要求，契合了世界各国人民要发展、要合

---

① 《习近平出席博鳌亚洲论坛2018年年会开幕式并发表主旨演讲》，《人民日报》2018年4月11日。

作、要和平生活的时代潮流"。①

（二）深化教育改革的必要举措

改革开放 40 年中国教育发展取得的巨大成就，离不开教育开放。我国已经形成全方位、多层次、宽领域的教育对外开放格局，2016 年来自 205 个国家和地区的 40 多万人次来华留学，我国已经成为亚洲最大、全球第三的留学目的地国。② 同时，我国学习和借鉴国际教育先进思想、办学经验和实践模式，接受国际组织、外国政府以及国际社会对中国教育的援助与帮助，参与国际性教育合作与交流等，都是促进中国教育全面发展和整体发展的有效措施，这也是中国教育开放的具体表现。在面向国家现代化的进程中，坚持教育开放仍是非常的重要和必要。

习近平总书记在党的十九大报告中指出，"必须认识到，我国社会主要矛盾的变化，没有改变我们对我国社会主义所处历史阶段的判断，我国仍处于并将长期处于社会主义初级阶段的基本国情没有变，我国是世界最大发展中国家的国际地位没有变"。我们不能因为当前教育事业发展取得的成就而固步自封与沾沾自喜，更需要以包容和谦逊的姿态，继续学习和借鉴国际教育的先进思想和实践，成为国际教育的积极学习者、有责任的担当者和有贡献的建

---

① 《习近平出席博鳌亚洲论坛 2018 年年会开幕式并发表主旨演讲》，《人民日报》2018 年 4 月 11 日。

② 陈宝生：《优先发展教育事业》，《人民日报》2018 年 1 月 8 日。

设者。

当前，必须以开放的发展理念，规划我国教育开放之顶层设计，探索教育开放之实施路径，寻找教育开放之实践创新，使教育开放成为国家发展与开放的重要表现，使教育开放成为中国教育获取自信、走向世界的路径。与此同时，将教育开放作为中国参与国际教育交流与合作、共同参与国际教育治理、主动承担国际教育责任的原则。很显然，改革开放也是国家教育改革与发展的需要，是加快教育现代化的手段。

（三）建立中国教育自信的路径

"加快教育现代化，办人民满意的教育"是十九大报告提出的目标。如何在 2020 年基本实现教育现代化，在 2035 年、2050 年全面实现教育现代化，使教育现代化成为我国社会主义现代化强国的组成部分，也是促进现代化强国建设的重要支撑，是当前教育改革与发展必须回答的课题。

开放是促进我国教育现代化发展的重要选择。但是，需要全面而科学地理解教育的开放。正如过去 40 年教育改革开放的历程所显示的，教育开放是双向的、互动的、立体的和全方位的。如果说，过去改革开放我们是从学习和借鉴世界先进思想和先进经验起步，逐步发展成为相互学习、相互交流和相互分享的过程。在当下新时代，中国教育的改革开放需要更多的转向传播中国实践、分享中国经验、提供中国方案和共建世界和谐的新阶段。这或许就是教育领域从"跟跑"、"并跑"到"领跑"的变化。未来的教育领域开放，需要体现我国贡献更多的"中国智慧"和"大国责任"。这在本质上就是，开放之中展现中国教育的自信。

当前，在教育改革开放的进程中，一方面需要继续传承中国教育优秀传统，另一方面也需要继续学习和借鉴国际教育发展先进思想和经验。但是，在习近平新时代中国特色社会主义思想的指导下，中国教育决不能简单地照抄照搬西方观念与模式。

中国教育需要从国家社会经济建设与发展的大局出发，以"中国特色社会主义道路自信、理论自信、制度自信、文化自信"为根基，立足于社会主义初级阶段的基本国情，面向当前国家发展、社会发展与人民发展三大需求，规划出具有中国特色的社会主义教育现代化体系。在开放的过程中，要建立中国教育的自信和形成中国教育的国际影响力。

立德树人是习近平新时代中国特色社会主义思想在教育中的体现，也是中国教育发展根本任务。2014 年，习近平总书记先后发表"青年要自觉践行社会主义核心价值观"，"从小积极培育和践行社会主义核心价值观"以及"做党和人民满意的好教师"等重要讲话。2016 年 12 月，习近平总书记在全国高校思想政治工作上再次提出了培养什么样的人、如何培养人以及为谁培养人这个根本问题，强调要坚持把立德树人作为中心环节，并贯穿教育教学全过程，实现全程育人、全方位育人。中国教育的现代化始终是围绕立德树人的宗旨，聚焦贯彻落实培育和践行社会主义核心价值观，服务于国家发展和人民发展，以教育现代化促进国家现代化。这种教育现代化发展的政策及其实践，不仅体现了中国教育发展的特点，事实上也是整个国际教育发展的共同取向。

在中国教育现代化的进程中，坚持人民为中心的发展理念，坚持人民当家作主的方略，以及以坚持扎根中国与融通中外相结合、坚持目标导向与问题导向相结合、坚持放管服相结合、坚持顶层设计与基层探索相结合等四个原则深化教育体制机制改革，这些改革与创新举措，都应该成为中国教育对外传播的主要内容之一。

党的十九大报告中提出的"不断满足人民日益增长的美好生活需要"，"使人民获得感、幸福感、安全感更加充实、更有保障、更可持续"。这些要求是我国教育现代化的追求，其实也是全球教育发展的共同目标。

为此，需要借助扩大国际教育交流与合作，自信地运用中国教育的话语系统，向全世界推介中国教育改革与发展的新思想、新理念和新举措，使中国教育成为国际教育中的中坚力量，以及更为全面地参与国际教育治理。

二、教育开放是扎根中国与借鉴国际的结合

当今世界，开放与保守、变革与守旧、经济一体化与"碎片化"矛盾凸显，中国发展进入关键历史时期，对教育和人才的战略期许更为迫切。然而，教育整体发展质量亟待提升，制约教育发展的问题仍然存在，急需解决一些制约教育发展的非教育性问题。

（一）正视国家教育发展的国内外挑战

改革开放 40 年来，尤其是党的十八大以来，与各行各业一样，教育领域也取得了显著的成效和进展。但是，不可回避的是，在迈向教育现代化的进程中，当前国家教育改革与发展还面临着诸多新形势与新挑战，需要我们重新审视教育发展与改革的国内外环境。具体说来，当前国家教育发展与改革面临如下新形势。

其一，国内人口红利逐渐耗尽，急需培育释放人才红利。人才红利靠什么，主要靠教育。教育发展从数量扩展转向了内涵发展，当前，教育总体质量和水平急待提高。各地择校热、辅导班热高热不退，主要原因是优质教育资源短缺，"好学校"与人们对"好教育"的需求矛盾依然突出。

其二，后发优势逐渐用尽，急需提高创新能力，培育新的优势和竞争力。提高创新能力靠什么，关键还是靠教育。目前，我国在全球创新体系中的竞争力、创新能力以及创新人才培养能力，仍需提高，有必要进一步扩大教育对外开放，深化国际合作，加快发展的步伐。同时，基础教育领域的"应试教育"现象并没有得到切实消除，发展素质教育任务仍然十分急迫和紧迫。

其三，发展环境日趋国际化，而国际环境越来越复杂，急需加强我国经略世界的能力建设。经略世界靠什么，主要靠国际化人才队伍，关键取决于国际化的教育。无论是建设"一带一路"，还是开发新兴市场，抑或参与全球治理，具有经略世界意识和能力的国际化人才非常短缺，成为现实的瓶颈。培养具有国际视野、参与国际合作的社会主义建设者和接班人的任务非常重要。人才培养不仅要满足国内社会经济全方面发展的需要，还要支持中国参与国家治理、发挥国际影响力的需要。

总体而言，我们要植根中国大地，借鉴国际经验，全面提升教育整体发展水平。这一过程将异常艰巨，迫切需要深化改革，着力解决一些关键性的问题，特别是一些制约教育发展的非教育性问题。

（二）认识开放发展与扎根本土的关系

开放发展与扎根本土，不仅是一个认识问题，而且也是发展方向与方法论问题。目前，教育改革发展中存在的一系列矛盾与人们对这一基本问题的认识不到位有直接关系。那种将教育对外开放和扎根中国实际简单对立的倾向，非常不利于我们的教育发展。

第一，教育开放发展乃大势所趋。40 年前的中国，迫切需要对外开放，需要融入国际社会。40 年后的中国，发展环境已高度国际化，我们的利益存在于全球市场，开放发展成为未来明确的道路选择和发展理念。全球化时代的教育是开放的教育、合作的教育。开放发展，既是建设教育现代化的重要途径，也是教育现代化的基本特征。

第二，教育开放发展和扎根本土并不矛盾。开放发展是必要的手段与途径，扎根本土是发展的基础与归宿。倡导开放发展，并不意味着否定本土文化。强调扎根本土，并不意味着关闭开放大门。

恰恰相反，强调扎根本土是为了更进一步地推进对外开放。很显然，如果说开放发展是现阶段及今后的必然选择，那么，扎根本土就是我们一以贯之的必须坚持。现阶段，急需坚定教育对外开放的信心，树立开放发展新理念。

第三，教育要有开放发展的自信。正如习近平总书记所指出的，我们要扎根中国、融通中外，立足时代、面向未来，坚定不移走开放发展的路，坚定不移走自己的路。这是我们的教育自信。改革开放以来，我们坚持面向世界、开门办教育，采取了一系列举措，有力地推动了教育事业的发展，为我国经济腾飞和社会发展提供了人才保障。现阶段，我们更要坚定信心，进一步解放思想，毫不犹豫地扩大开放，努力通过扩大教育对外开放，深化人文交流，传播中国文化，扩大全球朋友圈，广植友谊树，深耕友谊田，服务好经略世界大战略。

（三）提升国际化环境下教育治理能力

在发展环境高度国际化的时代，影响教育发展的因素超出了教育系统，教育功能、作用和主体更加多元化，教育事业的复杂程度显著增加，产生了大量非教育性问题和非传统教育职能，教育管理出现了碎片化倾向。这要求我们的教育治理结构、治理观念和治理能力，必须与时俱进。遗憾的是这一领域的改革有些滞后了。目前，教育发展中存在的一系列问题与治理改革不到位，不能很好适应发展环境国际化有很大关系。急需加快构建现代化治理体系，整体提升治理能力和水平，进一步提高教育工作效率，释放人才红利和创新动力。

第一，统筹管理职能，明确责任与义务，提高水平和效率。教育改革与发展不只是教育问题，也面对大量非教育性问题，传统教育管理必须有待提升。比如，解决回国留学生就业问题，看似非常简单，实则需要 18 个部委的会签。高校去行政化改革讨论多年，已形成社会共识，但教育部门举步维艰。诸如此类的问题还有不少。教育改革的推进，动辄需要多个部委联合发文，这凸显了现阶段我国教育管理体制改革的紧迫性，需要重新整合教育管理职能。

第二，深化经费和人事管理制度改革，切实调动教育工作者的积极性，释放创造力和生产力。实干兴邦，关键在人，关键取决于人民大众的积极性。我们要尊重人才，相信人才，依靠人才。目前，迫切需要采取切实有效的改革措施，调动教育工作者积极性，释放活力、激发创新、提高工作效率。有关部门有必要对各级教育机构意见较大的绩效工资方案、预算支出管理制度、财务管理制度等进行深入研究和全面评估，尽快推出科学合理的改革方案。迫切需要深化教育机构人事制度改革和科研管理改革，比如，取消职称额度管理，取消论资排辈，反对崇洋媚外和学术山头，反对学术研究和学术评价的标准化和简单化倾向，营造良好氛围，激励创新，鼓励成才。

第三，加快完善教育法规，加强依法治教。依法治教与鼓励创新并不矛盾。对于规律性的活动，我们要尽快通过立法予以规范和保护；对于不确定性领域，要鼓励创新，支持试错。对于群众反映强烈的热点问题，存在不同意见的争议问题，要支持先行探索，允许试一试，不能一棍子打死。坚持依法治教，各级政府部门既要强化法律意识，更要有发展眼光，要鼓励创造性地开展工作。有无上位法依据，不应成为各级部门推责诿过的借口和行政不作为的保护伞。

总之，提升教育治理能力非常必要，而且要置于国际化的环境下，要勇于创新和探索，建立具有国际影响力的教育治理体系。

（四）以开放追求教育的公平而有质量

现阶段，社会对于教育的最大诉求和关注点，其实都归结于一点：希望获得优质且公平的教育服务。这就要求中国教育重视高水平层次上的公平问题，而要做到这一点，有三条思路可供选择。

第一，教育公平事关社会、教育的良性发展。如何促进社会良性流动，公平教育发挥着无可替代的重要作用。多年努力之下，我国的教育事业发展成绩卓越，极大解决了教育供给问题。同时，一些情况还需继续改善。一方面，教育总体质量还有待提升。另一方面，教育公平问题依然非常突出且备受关注。由于优质教育资源相对短缺，"好学校"入门券极为抢手。"学区房"被恶炒，就是优质教育资源亟待普及的一个警醒。有观点认为，教育正在被房地产和家庭财富所左右，不同收入家庭的子女开始出现"被区隔"的现象，值得高度关注。个人成长的路径，不受先天禀赋和后天努力的影响，却更多因接受良好教育的机会不均衡而被阻断，这不利于社会进步与和谐发展。

第二，实现高水平上的教育公平。现阶段，我国教育公平的核心问题是教育质量问题，是优质教育资源供给相对短缺问题。解决教育公平问题，不能只着眼于各级教育入学率的高低，要更加专注于优质教育资源的比率，专注于"好学校"、"好教师"的培养和均衡分布。实现教育现代化，进而建设现代化教育强国，就是要整体性提升全国教育质量和水平，解决高质量层次上的教育公平问题。这是一个全国性的目标，每个地区、每所学校都不能缺席。

第三，实现高水平教育公平只能靠发展。在优质教育资源相对短缺的现阶段，解决教育公平问题，只能靠发展，而不能靠削峰。现阶段的主要任务应该是努力做更大更好的蛋糕，而不是简单调结构进行蛋糕再分配。

三、教育开放要服务于国家"一带一路"倡议

党的十九大报告强调，"中国坚持对外开放的基本国策，坚持打开国门搞建设，积极促进'一带一路'国际合作，努力实现政策沟通、设施联通、贸易畅通、资金融通、民心相通，打造国际合作新平台，增添共同发展新动力。加大对发展中国家特别是最不发达国家援助力度，促进缩小南北发展差距"。在构建人类命运共同体的历程中，"一带一路"倡议具有深远意义。

同样，教育改革与发展也必须服务于国家战略需求，服务于推进构建人类命运共同体的使命。为此，必须关注"一带一路"倡议对中国教育的推动和影响，且使教育服务于"一带一路"。随着"一带一路"倡议的深入推进，必须进一步分析相关国家教育格局及变化，积极构建教育合作体系，深化教育交流，促进民心相通，无疑具有深远意义和独特的实践价值。

（一）准确把握相关国家的教育特征 ①

第一，"一带一路"相关国家教育整体发展水平并不低。"一带一路"相关国家，历史悠久，文化丰富，并不是荒蛮之地。除个别国家由于长期战乱等因素破坏外，相关国家教育整体发展水平并不低。无论是义务教育普及程度、25 岁以上人口平均受教育年限，还是高等教育毛入学率等，相关国家在全球统计中都处于比较高的水平。

根据联合国教科文组织统计数据，2015 年高等教育毛入学率，40.6%的相关国家达到 50%以上，进入普及化阶段。约 43.5%的相关国家达到 15%—49%，处于大众化阶段。只有 15.9%的相关国家不足 15%，处于精英化阶段。而我国于 2012 年迈入高等教育大众化阶段，并在 2015 年达到 40%的毛入学率。

第二，"一带一路"国家的教育市场开放程度处于中等水平。"一

---

① 朱兴德：《"一带一路"，教育合作沟通民心》，《光明日报》2018 年 3 月 19 日。

带一路"相关国家，贸易和投资市场总体开放，约 77.9%的国家为
WTO 成员。其中约有 47%承诺开放教育服务市场。新欧亚大陆桥
经济走廊教育服务市场开放水平高于其他地区。摩尔多瓦的开放幅
度高达 91.3%，其次为爱沙尼亚和沙特阿拉伯。

　　第三，"一带一路"相关多国实施教育国际化战略。"一带一
路"相关国家，教育国际化十分活跃。有多个国家和地区明确实施
教育国际化战略，谋建国际教育中心（枢纽），打造国际或地区人
力资源和创新高地，培育未来可持续发展新增长点和新竞争力。截
至目前，较有影响的国际教育中心（枢纽），主要有新加坡环球校
园、卡塔尔教育城、迪拜国际学术城和知识村、吉隆坡教育城和伊
斯干达经济特区、仁川自由经济区和济州环球教育城、巴林等。另
外，越南、泰国、斯里兰卡、乌兹别克斯坦等国家也曾宣布要建设
国际教育中心或地区教育中心。受相关国家政策影响，近年来欧美
高校进入"一带一路"相关国家中举办的大学海外校园数量显著增
加。截至目前，引进外国大学海外校园最多的五个国家，依次为阿
联酋 32 个，中国 27 个，新加坡 13 个，卡塔尔 11 个和马来西亚 9
个。

　　第四，"一带一路"相关国家是全球教育服务主要消费市场。
"一带一路"相关国家，是 20 世纪以来全球教育服务主要消费市场，
是国际学生主要来源地。根据联合国教科文组织统计，近十年来，
全球高等教育阶段超过 60%的国际学生来自该地区，并呈稳步增
长态势。全球前五大国际学生来源地，有四个分布在"一带一路"
相关各国，分别为中国、印度、韩国和沙特阿拉伯。该地区也是全

球教育服务市场新兴提供者，接受了全球约30%的国际学生。有三个方面的原因导致"一带一路"相关国家和地区成为全球教育服务主要消费市场，一是该地区多个国家经济持续快速增长，居民可支配收入显著增加，教育服务有效需求大幅提升。二是当地高等教育整体发展水平尚落后于欧美国家，居民出国留学愿望强烈。三是欧美诸国纷纷实施教育国际化战略，面向国际市场延揽生源，人口众多的"一带一路"相关地区成为主要目标市场。这些发展趋势迄今没有明显改变的迹象。

第五，"一带一路"相关国家国际化教育市场格局非常复杂。比如，美国已在19个国家举办了49所大学海外校园，几乎遍布所有重要战略区域。英国举办了28所大学海外校园，分布在10个国家。澳大利亚举办了12所大学海外校园，分布在6个重要教育市场。俄罗斯在9个国家举办了20所大学海外校园，几乎遍布每一个独联体国家。另外，印度、土耳其、马来西亚、沙特、日本、韩国等国家在相关区域教育和文化市场也相当活跃，影响深远。

（二）与相关国家保持教育长期合作

第一，中国与"一带一路"相关国家教育文化交流合作由来已久。西汉时期，中国与相关各民族共同努力，开辟了贯通欧亚大陆的"丝绸之路"，成为古代社会重要的国际贸易通道，推动了相关地区经济和文化发展。在古"丝绸之路"上，使者、商贾、学者往来频繁，"驰命走驿，不绝于时月；商胡贩客，日款于塞下"。各国人民通关市，货有无，"殊方异物，四面而至"。随着人员频繁流动，中国与相关各国互学互鉴，"重九译，致殊俗"，习礼乐，传工艺，教育、文化交流非常活跃。近代西方资本主义和殖民主义兴起后，中国与相关多国教育文化交流或中断或陷入停顿。

20 世纪 80 年代以来，中国实施对外开放战略，欧美教育发达国家成为主要教育合作伙伴。客观地讲，无论政府间合作，还是校际合作，目前我国与"一带一路"相关国家还不及与欧美国家深入广泛。但截至目前，我国与超过三分之一的相关国家签署了学历学位互认协议。

第二，"一带一路"相关国家是来华留学生传统生源地。近年来，中国与"一带一路"相关国家教育交流合作以招收来华留学生为主要形式，相关国家是中国来华留学生主要来源地。据统计，2014 年以来，有 11 个国家的来华留学生人数超过 1 万人，其中 8 个国家为"一带一路"相关国家。2016 年，来自相关 10 个主要国家的来华留学生合计达到 20.7 万人，占来华留学生总人数的近半数。我国是相关部分国家学生主要留学目的国，来华学历留学生占其在外留学生人数的比例，有 9 个国家超过 15%，有 13 个国家超过 10%。

（三）推动"一带一路"教育合作交流

第一，抓住机遇开展境外办学。迄今，已有十多个相关国家向我国发来办学邀请，开展境外办学面临历史性契机。主要基于两个方面原因，一是随着国际经贸合作、产能合作等不断深入和扩大，直接带动了当地教育需求，需要在当地批量培养熟悉中国文化，掌握中国标准和技术的专业人才。二是中国教育经验受到越来越多相关国家认可和重视，许多国家明确邀请中国高校去当地举办中国模式高等学校。作为后来者，市场不排斥就是我们最大的机遇。

需要统筹考虑各种因素，具体可在下列四个优先方向探索开展境外办学。其一，在中国产业投资集中地探索产教合作办学。其二，在重要战略伙伴国家或节点城市探索合作办学。其三，在地区和学校长期合作伙伴地探索中外合作办学。其四，在规划建设的国际教育中心(枢纽)参与办学。当然，境外办学涉及多个职能部门，需要加强统筹谋划和政策协调。

第二，做深做细人文交流。从长远讲，广泛的民意和社会基础，是"一带一路"建设健康运行的根本保障。所以说"一带一路"根本上属于民心工程，教育人文交流承担着不可替代的重要职能。人员流动是人文交流的基础和前提。应采取切实措施，推动更有效的教育文化交流和人员流动。同时，通过与相关关键国家合作设立高级别人文交流机制，在相关地区增派教育驻外力量，鼓励各级地方政府与相关地区广泛建立友好合作关系，支持教育机构与相关地区广泛建立校际合作关系等多种举措，调动各界力量，开展机制化、广领域、多层次人文交流。

第三，加快相关国家汉语推广工作。迄今为止，孔子学院和孔子课堂分布在"一带一路"相关国家的比例还不高，汉语推广工作需要进一步加强。各级教育机构在汉语推广和汉语教学领域可以发挥更加积极的作用，比如开发汉语推广特色教材，培训外国汉语教师，面向相关国家组织开展青年管理人才和专业人才培训，开展留学生预科教育，与外国中小学校特别是高中建立合作关系等。同时，继续办好来华留学全汉语教学。

第四，深度挖掘相关国家来华留学教育。当前，相关国家学生选择来华留学的人数越来越多，这给我们扩大相应类型的教育规模、吸引高端人才，带来新的机遇。目前，一些相关国家来华学历生与其在外留学生占比还不高，进一步开发的潜力非常巨大。有关教育机构应加强相关国家来华留学市场研究和开发，采取针对性举措，扩大吸收相关国家和地区高素质留学生。

第五，参与地区教育治理。地区教育治理机制和协作机制，是教育共同体重要体现。参与全球和地区教育治理，体现了大国的担当。我们应在相关各国积极参与"一带一路"倡议的过程中，积极分享中国教育经验，为相关国家提供更优质的公共教育产品和服务。

四、教育开放意味着参与国际教育援助活动

2017 年 1 月，在世界经济论坛 2017 年年会开幕式上习近平总书记在主旨演讲中指出，"观察中国发展，要看中国人民得到了什么收获，更要看中国人民付出了什么辛劳；要看中国取得了什么成

就，更要看中国为世界做出了什么贡献。"①

（一）从受援国到支援国的角色转变

教育是当前国际社会共同关注的主要领域，是全球反贫困的主要途径。"实现普及初等教育"是联合国千年发展计划（MDG）的目标之一。当前，国际社会在推进全球全民教育目标方面上，采取了一系列共同的行动和措施，其中包括广泛的国际合作和援助，重点帮助和支持一些发展中国家教育发展。

在过去，中国一直是国际教育援助的受助对象。尤其是自 20世纪 80 年代开始，在基础教育、师范教育、职业教育以及高等教育等各个领域都受到了国际组织和外国政府的有偿与无偿援助，为促进我国教育事业的发展产生了积极的影响作用。

自 20 世纪 80 年代起，世界银行为中国高等院校发展、中国农村地区义务教育的普及、中国职业教育发展以及学前教育发展等都提供了贷款支持。同样，联合国儿童基金会与教育部合作，为中国义务教育发展、师范教育发展、远程教育发展、特殊教育发展以及学前教育发展等都提供了无偿的援助。此外，包括英国、加拿大、日本等发达国家在内的外国政府也为中国教育发展提供了资金与智力的支持。

当前，我国教育事业发展取得了丰硕的成果，与改革开放 40

---

① 《习近平谈治国理政》第二卷，外文出版社 2017 年版，第 483 页。

年来国际组织、外国政府和国际社会对中国教育的无偿援助和大力支持分不开。

近年来，我国综合国力得到极大增强，国际地位日益提高，并在国际事务中发挥越来越重要的作用，全方位的外交政策显示了巨大的成就，教育领域的合作与交流也取得了丰硕的成果。在继续接受国际教育援助和支持的同时，我国也日益加大了对外的教育援助和支持，其中，典型的就是我国对非洲教育援助的承诺和行动计划。

综观我国国家发展和教育发展的巨大成就，结合我国在国际上大国形象的崛起和体现大国责任的需求，有必要拓展我国教育领域的合作与交流，尤其需要注重开展更有整体计划性的对外教育援助活动。

开展国际教育援助行动，符合国家对外开放的整体战略，是全方位外交的重要组成部分。当前我国已经成为世界第二大经济体，处于"中等收入"国家行列，同时，国家教育发展处于世界中上行列水平。在经济上，国家有可能实现在满足本国教育发展需求的背景下，为其他国家和地区提供帮助和支持。尤其是随着我国企业的不断壮大以及这些企业社会责任心的提升，它们也能够结合自身企业的海外扩展，而为当地的教育提供更多的帮助。

2018年，国务院新设直属机构——"国家国际发展合作署"，这在一定程度上显示我国对外开放进入一个新时期，实现了从受援国到援助国的转变。这一机构的成立将增强教育领域实施国际教育援助的领导力，建立国家层面的教育援外行动体系。

从教育受援国到教育支援国的变化，体现了中国对国际社会长期支持中国教育发展的回报，也使中国教育能够在教育全球化的框架下，更好确立自身的定位，提升在国际教育合作与交流活动中的地位和影响力。

（二）增进国家友谊与传播中国文化

开展教育援助是深层次拓展我国外交的重要领域，不仅能够提升国家形象，巩固与受援国之间的合作友谊和发展根基；更重要的是，能够主动把外交的重点和希望有计划地转化到切实可行的实践之中，即借助教育援助合作活动，更好地增加我国与受援国家或者地区之间的友谊，更多地介绍和推广中国教育发展与改革的实践、经验与模式。

第一，研究国家教育援助的实践。当前，国际教育援助主要有三种形式：一是国际组织的教育援助项目，如世界银行、联合国教科文、联合国儿童基金会以及联合国开发计划署等。这些国际组织把教育作为一个重要的领域，开展援助活动，包括无偿援助和贷款项目。二是国家政府的教育援助，主要是一些发达国家，包括美国、英国、日本、澳大利亚、加拿大、德国和一些北欧国家等。这些国家自 70 年代以后面向发展中国家开展诸多教育援助。三是非政府机构的教育援助，主要是一些非政府组织、基金会或者企业的教育援助项目。

从目前发展实践看，这些不同的援助类型也在不断发生变化，而且它们之间越来越多地呈现相互合作、融合等一些新趋向。我国的教育援外工作需要遵循国际教育援助的一些基本特点和符合发展的主要趋向。加强国际教育援助研究是我国做好教育援外工作的重要基础。

第二，总结以往我国教育援外的实践。过去，我国不仅是教育的受援国，其实我国也一直重视教育援外工作，把教育作为外交的一个重要方面，典型的就是对非洲教育的援助也由来已久。长期以来，我国在双边领域有着比较丰富的教育交流与合作实践，其中，也包括了我国开展教育援助的一些内容。需要回顾分析我国在教育援外方面已有的一些实践，总结其中的经验和教训，为下一步开展更有针对性和有效性的教育援外工作提供基础。

开展对外教育援助，不仅可以丰富我国教育对外开放的内涵，增强与受援国之间的合作关系和友谊，而且，还可以切实推介中国教育的成功经验，传播中国文化包括汉语学习等。

第三，创建我国教育援外的工作体系。经过近 40 年来接受国际教育援助的实践，我国对国际教育援助的背景、运作和趋势已经有了一些初步掌握，而且，也与开展国际教育援助的一些国际组织和专门机构建立了一些合作关系。目前已经具备了开展多种形式教育援助活动的能力和基础。

第四，需要把"四个自信"作为教育国际交流与合作教育援外的内容之一。将自信的中国文化与中国教育，纳入教育援外的内容体系中，在援助的过程中推介中国文化精髓、传播当代中国价值观念、传授中国教育经验。

总之，要按照习近平总书记提出的要求，从承担大国责任角度发展，将教育援外作为中国教育外交的一个重要方面认真对待、作为教育国际合作与交流的重要内容加以重视，进而推进构建人类命运共同体目标的实现。

（三）发展我国教育援外工作的建议

从国家开展全方位外交和构建人类命运共同体角度出发，教育援外作为我国教育领域合作与交流的重要形式，具有十分重大的战略意义和现实意义。从当前我国社会经济和教育发展的现状出发，做好教育援外工作，并不是一件简单的事情。不仅需要整体的设计和规划，也需要切实可行的操作方案。为此，需要重点研究以下问题。

第一，有效统整和协调各种教育援外活动。随着对外开放的进一步加大，未来开展教育援外的内容和方式将更为丰富，为此，需要在国家国际发展合作署的统一领导下，更有效地实现多部门合作和协调，如商务部、外交部、中联部、教育部等，需要中央与地方的协调（如与云南、广西等边境省份），也需要加强政府机构与非政府机构之间的协调。当然，在教育部门内部也需要各方面的参与和合作，这不只是国际交流与合作司的事务。要发挥专业机构参与和政府部门领导的合力，建立开展教育援外的协调机制或者落实具体的牵头部门，充分发挥各方面参与的作用，扩大教育援外的影响力。

第二，确立新时代我国教育援外的行动策略。习近平总书记曾指出，"中国坚持对外开放基本国策，奉行互利共赢的道路，不断提升发展的内外联动性，实现自身发展的态势更多惠及其他国家和人民"；开展教育援外不仅要使受援助国获得真正的收益，同时也要在相应国家增强我国在教育合作与交流领域的影响力。因此，我们不能满足传统的双边教育援助活动，需要开展一些新的教育援助方式。从目前来看，可以考虑的选择有以下五个方面：

其一，如何利用国际组织的网络和平台，以政府名义参与国际教育援助活动？例如，是否可以考虑参与旨在推进全民教育运动的"快速轨道计划"；在与国际组织的合作中，如何体现我国的人员参与和确保我方利益的实现；等等。

其二，如何利用区域性的合作机制和平台开展面向地区的教育援助活动？如中阿教育论坛、中非教育论坛、APEC、上海合作组织等，都可以成为我国开展教育援助活动的重要平台。例如，可以在这些论坛或者组织活动层面，设立中国教育基金，开展教育培训、交流和会议等活动，丰富援助活动的形式。

其三，如何在国内培育参与实施教育援外工作的非政府机构、独立机构等？在开展教育援助活动方面，不仅需要依靠政府力量，在具体操作上，更需要依赖一些实施机构。很显然，目前我国还比较缺乏能够执行国际教育援助活动的机构，尤其是能够在海外执行教育项目的机构或者组织。政府需要有计划地重点培养和扶植一些部门，未来的教育援外活动中，要使这些机构和组织发挥先锋作用。

其四，如何把教育援外与中国海外企业合作、与海外爱国华侨社团等合作？目前，我国在海外的企业扩展十分快速，如华为电子、中石油、中兴通讯等；海外华侨社团的队伍也在不断壮大。教育援助不能只是依靠政府的力量，要充分利用这些企业和这些海外华侨的力量，要把教育援助与提升中国企业的海外影响力和发挥海外华侨的爱国热忱等因素有机地结合在一起。

其五，如何在教育援助活动中体现"双赢"的合作战略？传统的教育援助主要表现为提供资金、建设校舍、添置教学设备和培训当地人员等。教育援助促进我国教育事业的发展。援助活动不仅需要中国教育工作者走入受援地区，也需要把受援地区的目标人群引进国内。这样，援助活动将有助于提高中国教育专业工作者和国内教育机构的专业水平，逐步提高这些人员和机构的国际影响。

总之，随着我国经济实力的不断壮大和国际地位的日益提升，我国在国际上需要承担更多大国责任。相比较于其他各个领域，教育可能是最受各方面欢迎的合作领域。当前，在全球全民教育进展缓慢与困难的情况下，我国必须有效运用对外教育援助的方式，参与推进国际教育发展的实践，承担一个大国应有的责任。

参考文献

习近平：《之江新语》，浙江人民出版社 2007 年版。

习近平：《决胜全面建成小康社会 夺取新时代中国特色社会主义伟大胜利——在中国共产党第十九次全国代表大会上的报告》，《人民日报》2017 年 10 月 19 日。

习近平：《为建设世界科技强国而奋斗——在全国科技创新大会、两院院士大会、中国科协第九次全国代表大会上的讲话》，人民出版社 2016 年版。

习近平：《致清华大学苏世界苏世民学者项目启动的贺信》，《人民日报》2016 年 5 月 12 日。

别敦荣、易梦春：《普及化趋势与世界高等教育发展格局——基于联合国教科文组织统计研究所相关数据的分析》，《教育研究》2017 年第 9 期。

别敦荣：《普及化高等教育的基本逻辑》，《中国高教研究》2016 年第 3 期。

别敦荣：《我国高等教育发展面临的形势和体制改革的主要任务》，《济南大学学报（社会科学版）》2017 年第 5 期。

陈宝生：《优先发展教育事业》，《人民日报》2018 年 1 月 8 日。

陈宝生:《落实好十九大精神办好人民满意教育》,《中国教育报》2017 年 10 月 23 日。

陈桂生:《人民共和国民办教育的现实道路》,《集美大学学报》2001 年第 3 期。

陈桂生:《中国民办教育问题》,教育科学出版社 2001 年版,第 15—16 页。

陈乃林:《解读学习型社会》,《江苏高教》2004 年第 1 期。

陈嵩、马树超:《实现职业教育强国梦》,《中国教育报》2018 年 4 月 26 日。

陈永明:《教师教育研究》,华东师范大学出版社 2002 年版。

陈子季等:《迈向教育强国》,《中国教育报》2017 年 11 月 23 日。

程宝怀、刘晓翠、吴志辉:《习近平同志在正定》,《河北日报》2014 年 1 月 2 日。

褚宏启、杨海燕:《教育公平的原则及其政策含义》,《教育研究》2008 年第 1 期。

褚宏启:《教育制度改革与城乡教育一体化——打破城乡教育二元结构的制度瓶颈》,《教育研究》2010 年第 11 期。

董刚:《进入新时代职业教育应有新作为》,《中国职业教育》2018 年 4 月 19 日。

樊香兰:《新中国小学教师队伍发展历史研究》,陕西师范大学 2004 年硕士学位论文。

方建锋:《面向 2030,办优质民办教育》,《教育家》2017 年第 40 期。

房剑森:《我国高等教育内涵发展的政策选择》,《教育发展研究》2006 年第 7A 期。

管培俊:《以科学发展观指导教师队伍建设的认识论和方法论问题》,《教育研究》2009 年第 1 期。

郝克明：《让学习伴随终身——中国特色的终身学习理论探索与创新》，《江苏开放大学学报》2016年第1期。

郝克明：《学习型城市——带动我国建设学习型社会的主阵地》，《终身教育研究》2017年第4期。

郝克明：《总结经验，开拓进取，开创开放大学发展和改革的新局面》，《开放教育研究》2017年第6期。

何东昌：《中华人民共和国重要文献》，海南出版社1998年版。

黄蔚：《中国教育信息化的成就令人印象深刻》，《中国教育报》2015年5月26日。

姜泓冰：《我国老年教育机构达6.2万所，框架体系已基本形成》，《人民日报》2018年4月12日。

教育部：《一图读懂"国家教育事业发展'十三五'规划"》，《中国教育报》2017年1月20日。

教育部：《我国高等教育在学总规模居世界第一》，《中国青年报》2017年9月28日。

李广、解书：《习近平论教师》，《全球教育展望》2017年第10期。

李克强：《政府工作报告——2018年3月在第十三届全国人民代表大会第一次会议上》，人民出版社2018年版。

刘利华：《十八大背景下高校教师队伍建设的思考》，《科学大众》2016年第4期。

刘胜男：《我国民办教育制度演变中的路径依赖困境及出路》，《现代教育管理》2013年第5期。

陆莎、傅王倩：《论社会公平视野下的残疾人高等教育》，《中国特殊教育》2014年第3期。

孟凡华、郭丹：《十八大以来中国特色现代职业教育政策推动报告》，《职业技术教育》2017年第24期。

杨雪梅：《开启民办教育的新时代新征程》《人民政协报》2017 年 11 月 8 日。

瞿振元：《发展具有中国特色世界水平的现代教育》，《人民日报》2014 年 9 月 10 日。

阙明坤：《民办学校发展步入新时代》，《教育》2018 年第 1 期。

《全面贯彻落实党的教育方针　努力把我国基础教育越办越好》，《人民日报》2016 年 9 月 10 日。

申国昌、王永颜：《习近平教师队伍建设思想内涵及其现实意义》，《武汉科技大学学报（社会科学版）》2014 年第 12 期。

申怡、夏建国：《论我国高等教育的"不平衡不充分"及其破解路径》，《中国高等教育》2018 年第 1 期。

沈言锦、张坤：《"中国制造 2025"背景下职业教育发展现状及对策研究》，《成人教育》2017 第 10 期。

史文生：《新时代中国特色职业教育的新要求》，《河南教育》2018 年第 1 期。

汤恺：《传承墨子精神培育幸福工匠》，《中国教育报》2018 年 5 月 8 日。

王鉴：《我国教师队伍素质研究：问题与对策》，《当代教育与文化》2017 年第 3 期。

王克：《职业教育"产教融合"期待构建利益机制》，《中国经济周刊》2018 年第 3 期。

王昕：《新时代教师队伍建设的政策与策略——访教育部教师工作司司长》，《世界教育信息》2018 年第 1 期。

文军、顾楚丹：《教育公平向何处去？——基于教育资源供给三阶段的思考》，《国家教育行政学院学报》2017 年第 1 期。

吴霓：《我国民办教育发展的现状特点、问题及未来趋势——基于统计数据和政策文本的比较分析》，《教育科学研究》2015 年第 2 期。

吴瑞君、朱宝树：《中国人口的非均衡分布与"胡焕庸线"的稳定性》，《中国人口科学》2016年第1期。

西奥多·W．舒尔兹：《论人力资本投资》，吴珠华等译，北京经济学院出版社1990年版。

肖君华：《梦想从学习开始》，《光明日报》2016年7月7日。

徐辉富、魏志慧、李学书：《开放大学五年：总结与反思》，《开放教育研究》2017年第6期。

薛二勇：《教育充足时代教育公平内涵要扩容》，《中国教育报》2018年1月12日。

杨银付：《努力办好人民满意教育的若干思考》，《教育研究》2013年第1期。

佚名：《无锡职业技术学院与施耐德电气，"双向互动"推进校企深度合作》，《中国教育报》2018年5月8日。

佚名：《办好人民满意的高等职业教育》，《新疆日报》2018年1月11日。

易梦春：《我国高等教育普及化进程及其影响因素———基于时间序列趋势外推模型的预测》，《中国高教研究》2016年第3期。

袁佰福：《改革开放以来我国教师教育政策的变迁及其启示研究》，《黑龙江教育学院学报》2010年第12期。

张斌贤、李子江：《改革开放30年来我国教师教育体制改革的进展》，《教师教育研究》2008年第11期。

张德江：《全国人大常务委员会执法检查组关于检查〈职业教育法〉实施情况的报告》，2015年6月29日，见http：//news.yntv.cn/content/14/201506/29/14_1103199.shtml。

张国印：《民办教育发展的困境与对策研究》，西南大学2013年硕士学位论文。

张烁：《把思想政治工作贯穿教育教学全过程开创我国高等教育事业

发展新局面》,《人民日报》2016 年 12 月 9 日。

张裕用:《改革开放以来我国民办教育制度变迁分析》,广西师范大学 2008 年硕士学位论文。

张昭文:《努力办好继续教育,加快建设学习型社会》,《中国职业技术教育》2017 年第 34 期。

郅庭瑾、陈纯槿:《教育财政投入,如何改善教育结果不平等》,《光明日报》2017 年 6 月 22 日。

郅庭瑾、尚伟伟:《新型城镇化背景下义务教育基本公共服务均等的现实困境与政策构想》,《华东师范大学学报(教育科学版)》2015 年第 2 期。

郅庭瑾:《人的城镇化:教育何为》,《人民教育》2015 年第 9 期。

邓小平:《把教育工作认真抓起来》,《中国教育报》1994 年 1 月 1 日。

《新时代高等教育内涵发展的新动员令——访全国人大代表、中国高等教育学会会长杜玉波》,《中国教育报》2018 年 3 月 8 日。

钟秉林:《民办教育发展步入新阶段》,《中国教育学刊》2017 年第 3 期。

周冬祥:《论我国教师教育体制改革的进程与发展》,《教育研究与实验》2012 年第 5 期。

朱步楼:《以建设学习型政党推动学习型社会建设》,《新华日报》2010 年 2 月 2 日。

朱旭东、胡艳:《中国教育改革 30 年:教师教育卷》,北京师范大学出版社 2008 年版。

朱旭东:《我国教师队伍建设政策对教师教育提出哪些挑战》,《中小学管理》2016 年第 2 期。

朱益明:《推进公平而有质量的教育》,《光明日报》2018 年 3 月 12 日。

后　记

本书是上海市哲学社会科学规划办公室"研究阐释党的十九大精神"系列课题之一。课题由华东师范大学党委书记、华东师范大学国家教育宏观政策研究院院长童世骏教授领衔主持"建设社会主义教育强国研究"（2018XAA020）的结题成果。

本书是集体团队努力的结果。在主编童世骏教授的指导下，朱益明教授统筹安排了本书编写人员的分工、研究的推进和协调等工作，刘皛参与了课题申请，范笑仙负责课题组织管理和部分研究工作，科研助理陈雪做了研究辅助工作。

各部分撰写的人员分别是：前言：童世骏；第一章：童世骏、范笑仙；第二章：高书国；第三章：朱益明、赵冬冬；第四章：范笑仙；第五章：谢童伟；第六章：李廷洲；第七章：郅庭瑾、姜蓓佳；第八章：李廷洲；第九章：侯定凯；第十章：朱益明、朱兴德。其中，高书国为教育部教育发展研究中心研究员、朱兴德为上海市教科院教育部国际教育研究与咨询中心执行主任，其余作者均为华东师范大学国家教育宏观政策研究院研究者。感谢各位研究者的参与和贡献。

　　感谢上海市哲学社会科学办公室的信任和委托，促使我们更加系统而深入地学习了党的十九大报告。感谢人民出版社的认可，使本书得以及时出版，分享给广大读者。

华东师范大学国家教育宏观政策研究院

2018 年 8 月 28 日

责任编辑：毕于慧
封面设计：肖　辉　王欢欢
版式设计：汪　莹

图书在版编目（CIP）数据

建设社会主义教育强国研究／童世骏　主编 . —北京：人民出版社，
　2019.3
ISBN 978－7－01－020115－3

I. ①建…　II. ①童…　III. ①教育事业－研究－中国　IV. ① G52

中国版本图书馆 CIP 数据核字（2018）第 279937 号

建设社会主义教育强国研究
JIANSHE SHEHUIZHUYI JIAOYU QIANGGUO YANJIU

童世骏　主编

人民出版社 出版发行
（100706　北京市东城区隆福寺街 99 号）

北京中科印刷有限公司印刷　新华书店经销

2019 年 3 月第 1 版　2019 年 3 月北京第 1 次印刷
开本：710 毫米 ×1000 毫米 1/16　印张：16.75
字数：182 千字

ISBN 978－7－01－020115－3　定价：50.00 元

邮购地址 100706　北京市东城区隆福寺街 99 号
人民东方图书销售中心　电话（010）65250042　65289539